West-Berlin

Für meine Frau

Uwe Lehmann-Brauns

WEST-BERLIN

VOM SCHUTTHAUFEN
ZUR HAUPTSTADT

BeBra Verlag

Bibliografische Information der Deutschen Nationalbibliothek
Die Deutsche Nationalbibliothek verzeichnet diese Publikation
in der Deutschen Nationalbibliografie; detaillierte bibliografische
Daten sind im Internet über http://dnb.d-nb.de abrufbar.

© 2024 BeBra Verlag GmbH
Asternplatz 3, 12203 Berlin
post@bebraverlag.de
Lektorat: Matthias Schütt, Schürensöhlen
Umschlag & Satz: typegerecht berlin
Schriften: Lora, Sofia
Gedruckt in der Europäischen Union
ISBN 978-3-8148-0308-1

www.bebraverlag.de

INHALT

WARUM BERLIN?[1]

Im Jahr 1950 schreibt der junge Hemingway: »Wenn du das Glück hattest, als junger Mensch in Paris zu leben, dann trägst du die Stadt den Rest deines Lebens in dir, Paris ist ein Fest fürs Leben.« – Ein wunderbarer Satz über eine wunderbare Stadt. Auch ich habe dieses Fest dort erlebt und genossen und werde die Zeit nicht vergessen.

Aber ich will über Berlin, eine europäische Schwester, schreiben. Es geht um die 40 Jahre lang in Ost und West geteilte, zerstörte, bedrohte, schließlich wieder zusammengesetzte Stadt Berlin. Aus naheliegenden Gründen muss man auf Vollständigkeit verzichten. Die Stadt ist zu groß, oft beschrieben, zu viele Einzelheiten gehen unter, zu viele Berührungen sind vergessen.

Grundlage des Textes sind jahrzehntelange Beobachtungen und politische Wertungen des Verfassers, eines langjährigen Mitglieds des Berliner Parlaments. Parteipolitische Hintergedanken sind ausgeschlossen. Die Stadt verdiente es, ihr zu dienen, was kritische Bemerkungen nicht ausschließt.

Sich Berlin heute zuzuwenden hat nicht allein einen biografischen, vergleichenden Sinn. Es geht auch um aktuelle Bedrohungen seit dem Überfall Russlands auf die Ukraine und der Hamas auf Israel. Ist die Stabilität der Stadt gefährdet? Wie umgehen mit den neuen Bedrohungen? Bedrohungen gab es immer, auch in der West-Berliner Zeit, in der die Stadt von der Sowjetunion und DDR fest eingeschlossen war. Wie kann, wie wird sie weiterleben ange-

---

1 Zur besseren Lesbarkeit verwende ich das generische Maskulinum, wobei selbstverständlich alle Geschlechter gleichermaßen gemeint sind.

sichts heutiger Herausforderungen? Eine Frage, die sich auch ihrer schönen Schwester Paris stellt, die, wie Berlin, immer wieder im Zentrum geopolitischer Krisen steht.

Bevor es um die aktuellen Szenarien geht, muss ich noch eine Liebeserklärung an die freien Städte in Europa loswerden. Ich zähle nicht alle auf, neben Paris, Rom, Wien, Kopenhagen, Stockholm, Brüssel, Budapest, Kiew, Warschau – Sankt Petersburg und Moskau überspringe ich, solange sie Geiseln des Putinschen Machtapparats sind. Abgesehen von diesen beiden muss ich einfach aussprechen, was ich in ihnen und für sie empfinde, ein Glücksgefühl, eine geschwisterliche Übereinstimmung, zuhause zu sein, Teil der europäischen Familie, ihrer Werte und Ausstrahlung, aber auch ihrer Probleme.

Zurück zu Berlin, das als Ganzes seit drei Jahrzehnten wieder in diese europäische Welt gehört. Was bringt West-Berlin mit, welche Wunden gilt es zu heilen, welche Stadtlandschaft hat der Kalte Krieg übriggelassen? 40 Jahre lang war die Stadt zerrissen, in Ost und West, was ist übriggeblieben, was gilt es heute zu retten, zu verteidigen?

TRÜMMER, HUNGER, WARTESTAND

Nachkrieg mit Spitzbart

»Berlin, ein Schutthaufen bei Potsdam«, urteilte Bertolt Brecht. Es herrschte bittere Nachkriegszeit, Trümmergefühle in der zerbombten, stromlosen, blockierten, geteilten, künstlich beatmeten Stadt, die in vier Sektoren zerschnitten worden war. Ein Zeitzeuge berichtet:

> Es lohnt sich nicht, hier Straßen oder Häuser zu benennen, denn hier gibt es weder Häuser noch Straßen, nur Mauerreste und verkohltes Gebälk. Hier wohnen keine Menschen mehr, und niemand hat in diesem schwer heimgesuchten Areal irgendetwas zu erledigen. Ich streifte stundenlang umher und traf lediglich eine alte Frau und zwei russische Wachtposten.[2]

Gottfried Benn urteilte: »Berlin stirbt ab, wird immer trüber und isolierter. Keine Schwalbe bringt Dir zurück, wonach Du weinst.« Vor allem West-Berlin spürte eine Entfremdung in Deutschland: »Wir hier in Berlin«, schrieb Gottfried Benn, »die andere Erlebnisse hatten und weiter haben, denken über manches anders. Wir sind in der Grundhaltung zu vielem ganz verschieden und gehören schon fast verschiedenen Völkern an.« Auch andere deutsche Städte wurden zerstört, Hamburg und Köln zum Beispiel, aber sie behielten ihre Identität. Anders Berlin, die Weltstadt und größte

---

2 Zitiert nach Jahrbuch des Landesarchivs von Berlin 2022, Seite 152

Industriestadt Deutschlands, die Reichshauptstadt. Nichts davon blieb übrig, sie wurde in vier Sektoren zerschnitten, zur identitätslosen Stadtfläche. Mit spitzer Feder schrieb 1948 der Regierende Bürgermeister Ernst Reuter über Konrad Adenauer: »... an seinem schönen Rhein, dem unsere besonderen Berliner Verhältnisse offensichtlich fremd sind«.

Politisch kam die Stadt nicht zur Ruhe. Oberbürgermeister wurde Arthur Werner, begleitet von vier Bürgermeistern und neun Stadträten. Unter ihnen Professor Hans Scharoun als Leiter des Amtes für Bau- und Wohnungswesen. Unter der Überschrift »Berlin im Neuaufbau. Das erste Jahr« verfasste der Magistrat der Stadt Berlin einen Rechenschaftsbericht, 215 Seiten lang, in dem die Probleme der beschädigten Stadt, unterschieden nach Fachressorts, aufgelistet wurden. 1945 zählte Berlin 1600 Pkw, 1946 schon wieder 3940. In den Schulen war Geschichtsunterricht auf Anordnung der Alliierten verboten.[3]

Trotz Blockade 1948, trotz Mauerbau 1961 begann sich die Halbstadt West zu organisieren. Ihr großer Bürgermeister Ernst Reuter wandte sich um Solidarität an die »Völker der Welt (...), schaut auf diese Stadt!« Der US-amerikanische General Lucius D. Clay sorgte jahrelang für die Sicherheit der westlichen Halbstadt, die ihm zum Dank eine große Allee im Südwesten der Stadt widmete.

Bis zur Währungsreform waren die Einkaufspreise in Ost-Berlin geringer als in der westlichen Stadthälfte. Deshalb kauften viele West-Berliner in Ost-Berlin ein. Wegen der ideologischen Spaltung erließ Ernst Reuter eine öffentliche Aufforderung an seine West-Berliner, von Einkäufen dort abzusehen. Bebildert wurde dies durch ein Plakat, das in der ganzen Halbstadt aushing: »Herr Schimpf und Frau Schande«. Auch die S-Bahn geriet in den Kalten Krieg. Ihr Netz war 1945 der DDR zugeschlagen worden, was

---

3 Vgl. Berlin im Neuaufbau, Das erste Jahr, Rechenschaftsbericht des Magistrats der Stadt Berlin 1946

Ernst Reuter, der Mann mit der Baskenmütze und bedeutendste Regierende
Bürgermeister West-Berlins, gestorben 1953

zu Konflikten zwischen Ost und West führte. Willy Brandt hatte 1961 gefordert, die Westalliierten sollten Schluss machen mit dem »kommunistischen trojanischen Pferd«. Erst kurz vor der Wende übernahm die West-Berliner BVG die S-Bahn.[4]

Dank der US-Luftbrücke verhungerte Berlin nicht, aber die West-Berliner hungerten bis zum Ende der Blockade 1949, trotz Hamsterfahrten in das ungnädige, zugeknöpfte Brandenburg. In den Schulen wurden Kastanien und Eicheln gesammelt, die zum Verzehr, wie auch immer, gedacht waren. Der sogenannte »Schwarze Markt« half nur denen, die eine valide Gegenleistung liefern konnten, vor allem amerikanische Zigaretten, die gedreht – statt gefertigt – wurden, eine Chesterfield kostete 20 RM. Das Schwarzhandeln war verboten, empfindliche Strafen drohten.[5]

»Der Spitzbart muss weg«, forderte Willy Brandt, der nach Ernst Reuter wichtigste Regierende Bürgermeister, im Hinblick auf SED-Führer Walter Ulbricht unter dem Beifall der Menge. Auch im anderen Teil der Stadt, in Ost-Berlin, hatte sich Widerstand geregt. Die Ost-Berliner scheiterten mit ihrem Aufstand am 17. Juni 1953, als sowjetische Panzer auf die Protestierenden schossen. Die DDR versuchte auch nach der Währungsreform die Moral der West-Berliner mittels billiger Waren- und Dienstleistungsangebote (z.B. Fleischwaren, Schuhe oder auch Haareschneiden) im Ost-Sektor zu untergraben.

Mit welchem Recht Ilko-Sascha Kowalczuk Walter Ulbricht in einer neuen Biografie, jenes sächselnde Ungeheuer, Vollstrecker der Berliner Mauer, der Bodenreform, der Niederschlagung des Aufstandes am 17. Juni 1953, Staatsmännern wie Willy Brandt an die Seite stellt, bleibt aus West-Berliner Sicht unerfindlich.

---

4 Vgl. Andreas Conrad im Tagesspiegel vom 6. August 2024.
5 Vgl. Gottfried Korff/Reinhard Rürup (Hrsg.): Berlin, Berlin. Die Ausstellung zur Geschichte der Stadt im Martin-Gropius-Bau zur 750-Jahr-Feier Berlin 1987. Nicolai Verlag, Berlin 1987

»Berlin am Meer«

Marlene Dietrichs Song »In den Ruinen von Berlin fangen die Blumen wieder an zu blüh'n«, spielte mit Hoffnung[6]. Der Anfang war nicht idyllisch: Die Nachkriegszeit im Schnelldurchgang: 1948 sperrten sowjetische Truppen alle Zufahrtswege nach West-Berlin. Die Blockade begann. Während der fast ein Jahr dauernden Abriegelung störten kommunistische Demonstranten die Arbeit des noch gesamtberlinisch arbeitenden Magistrats und der Stadtverordnetenversammlung. Beide verlegten daraufhin ihren Sitz in den Westteil der Stadt, während die SED einen Gegen-Magistrat im Ostteil der Stadt ausrief. Die Stadt war nun zerschnitten, gelähmt, ernüchtert.

Es begann ein Freiheitskampf mit Kultur gegen die Versteinerung des Status quo, gegen die Versuchung einer falschen »Normalisierung«, die ein späterer Bürgermeister gefordert hatte. Die USA vor allem versorgten mittels einer Luftbrücke West-Berlin aus der Luft und verhinderten damit eine Hungersnot. Zum Ende der Blockade 1949 blieben Ost- und West-Berlin geteilt. Die Sowjetunion drohte mehrfach mit der Vereinnahmung des Westteils, während die USA West-Berlin die Existenz in Freiheit garantierten.

Schon seit 1946 waren es vor allem Frauen gewesen, die in den Ruinen beschäftigt waren, die Trümmer zu entsorgen und die Schutthaufen mit bloßen Händen, kaum Werkzeug, wegzuräumen. Für diese Arbeit erhielten sie 70 Pfennig pro Stunde plus Lebensmittelzuteilung.

Der Maler Werner Heldt malte: »Berlin am Meer«: zwei Trümmerhaufen zwischen den Ruinen. Neben diesen Aufräumarbeiten erfreute später ein Schild die verbliebenen Bewohner: »Wieder aufgebaut aus Mitteln des Marshall-Plans«. Bei diesem Plan handelte es sich um ein wirtschaftliches Wiederaufbauprogramm

---

6 Nachzuhören auf YouTube

Berlin im Neuaufbau: erster amtlicher Rechenschaftsbericht von 1945, verfasst vom damaligen Berliner Magistrat, veröffentlicht 1946

der USA in den westeuropäischen Staaten, Berlin inklusive. Die Sowjetunion lehnte das Angebot für ihren Teilbereich ab.

Der Start der Enklave West-Berlin war also nicht idyllisch. Für die DDR/Ost-Berlin war West-Berlin kartografisch nicht einmal vorhanden.[7] Die Halbstadt West mit ca. zwei Millionen Einwohnern bestand aus zwölf Stadtbezirken, war nicht einmal ein Bundesland und nur durch die Sicherheitsgarantie der USA nach außen geschützt. Diese Garantie war den Sowjets immer ein Dorn im Auge. Chruschtschow forderte ultimativ den Abzug der alliierten Truppen aus Berlin. West-Berlin sollte eine freie und entmilitarisierte Stadt werden. Damit verbunden war die Drohung, einen separaten Friedensvertrag mit der DDR abzuschließen. Die USA allerdings bekräftigten zugunsten West-Berlins die drei »essentials«: freier Zugang zu West-Berlin, Anwesenheit westlicher Truppen in der Halbstadt und Gewährleistung der Freiheit der West-Berliner. Mit dem Bau der Mauer endeten diese politischen Einschüchterungsversuche. Dafür kamen militärische Nadelstiche hinzu: etwa durch sowjetische Düsenjäger, die über West-Berlin die Schallmauer durchbrachen und mit den typischen Knallgeräuschen die Berliner verschreckten. Die Haltung der USA wurde von Außenminister John Foster Dulles vertreten.

Aber Berlin war mit dem Mauerbau endgültig gespalten. Der Kalte Krieg endete erst mit dem Fall der Mauer 1989/90 nach 40-jähriger Zerrissenheit. Mit knapper Mehrheit wurde das nun wiedervereinte Berlin 1991 vom Deutschen Bundestag zur deutschen Hauptstadt gewählt.

Salamitaktik

Die 1960er-Jahre schienen die Deutsche Frage beantwortet zu haben. Berlin blieb gespalten, seine Westhälfte unabsehbar iso-

---

7 Zum Beispiel in: Berlin Atlas, Stadtführer Hauptstadt der DDR, VEB Tourist Verlag 1979

liert, seine Fortexistenz hing ab vom Wohlwollen der USA. Das böse Wort von der Salamitaktik machte die Runde. Der DDR gelang es, Scheibe für Scheibe, die sogenannte Hallstein-Doktrin zu unterlaufen. Immer mehr Staaten entschlossen sich, die DDR als souveränen Staat und damit die Spaltung Deutschlands anzuerkennen.

Auch ökonomisch wurde es für Berlin (West), die »imperialistische Stadtenklave« (DDR-Jargon), ungemütlich. Die meisten Wirtschafts- und Industrieunternehmen verließen die einst größte Industriestadt Deutschlands in Richtung Westen. West-Berlin geriet dadurch immer stärker an den Tropf der Bundesrepublik. Es bleibt das Verdienst Axel Springers, die Freiheit und Zukunft der Stadt durch massive Bauten an der Mauer und mediale Präsenz offengehalten zu haben. Davon ungerührt skandierten erregte Studenten 1968 »Enteignet Springer!«

Uwe Johnson

Da ich die Teilung Deutschlands ablehnte und angezogen war von den Büchern Uwe Johnsons, »der Dichter der beiden Deutschland«[8], nahm ich mir ein Herz und schrieb ihm.

Ich bestritt unter Hinweis auf verfassungsrechtliche Begriffe, dass die DDR ein Staat sei, wie von ihm in dem Buch »Eine Reise wegwohin« postuliert. Ich führte mehrere Elemente auf, die auch bei der herrschenden Teilung auf eine gewisse Gemeinsamkeit der deutschen Situation hinwiesen. Johnson war so freundlich, mir mit einem Brief im Frühjahr 1964 zu antworten. Er wolle nicht eine »Anerkennung der West-Berliner Umgebung befürworten ...«. Seine Romanfigur Karsch hätte auch

---

8 Uwe Johnson erhält eine aktuelle Würdigung durch den Schriftsteller Matthias Göritz. Er habe sich auf die Sprache der Staatlichkeit nie festlegen lassen. Vgl. FAZ vom 20. Juli 2024.

... nicht an eine politische Aktivität gedacht; mit einem Gedächtnis voller ostdeutscher Wirklichkeit. (...) die Hallstein-Doktrin war nicht ein auf wissenschaftlichem Wege gewonnener Schluss, sondern die Festlegung einer diplomatischen Prozedur. Aus der fortgeführten Diskussion über die Definition eines Staates, auf die Sie hinweisen, kann Herrn Karsch hervorgehen, dass die Umgebung West-Berlins so gut wie andere Gegenden als Staat bezeichnet werden kann. Ob er nun auf die klassischen Kennzeichen achtet oder auf die moderneren Zweifel, ob nicht eine übernationale wirtschaftliche, politische oder militärische Integration das Kennzeichen der Souveränität überhaupt abdingbar mache. (...) Allgemein möchte ich Ihren Bedenken entgegenhalten, dass meine Absichten nicht solche der Agitation waren, sondern sich richteten auf Informationen, das heißt auf eine mögliche Version der Verhältnisse.

Mit den besten Empfehlungen
Ihr sehr ergebener Uwe Johnson
(21.4.1964)

Die »normale« Stadt

Insgesamt schien sich der Status quo, d. h. die Spaltung von Stadt und Land, in den 70er-Jahren unabänderlich zu verfestigen. Ein damaliger Bürgermeister Wolfgang Lüder verkündete, zum Trost, die »normale Stadt«, sprich West-Berlin werde sich zur Idylle entwickeln: dem Umweltschutz zugetan, gesund geschrumpft auf 1,5 Millionen Einwohner, ausreichend mit Kitas versorgt, ein Bahnhof, ein Flughafen, ein Vorbild moderner Kleinmütigkeit und Belanglosigkeit, geschichts- und zukunftslos. Zu dieser »verzwergten« Stadt passte die »moderne Grenze«, die von der DDR fang- und treffsicher gemacht wurde. Architektonisch begann Berlin, nicht nur im Ostteil, sein Gesicht zu verlieren. Es wütete die Abrissbirne in den vom Krieg verschonten Stadtquartieren und zerstörte unwiederbringlich die die Stadt prägenden Bauten.

Freiheit durch Kultur

Viel war West-Berlin nicht geblieben. Es blieb eine verlassene Enklave, eingemauert in dem riesigen Ostblock. Wehmütig erinnerte man sich an Carl Zuckmayers Satz:»Wer Berlin hatte, dem gehörte die Welt.«

Aber Berlin wehrte sich, und zwar mit Kultur, darin dem historischen Vorbild Preußens nach der Niederlage gegen Napoleon vor 150 Jahren folgend. Adolf Arndt, ein bedeutender Intellektueller, der 1963/64 Kultursenator West-Berlins war, bezeichnete»Kultur als unser Schicksal« als Herzstück der Lebensfähigkeit Berlins.[9] Um nicht als reizloses Häusermeer gegenüber der sozialistisch beherrschten östlichen Halbstadt und Hauptstadt der DDR zu enden, entschloss sich die Stadt, ihrem Freiheitswillen durch kulturelle, bauliche Aktivitäten Ausdruck zu geben. West-Berlin baute die Deutsche Oper, die Freie Volksbühne und schuf Solitäre, die noch heute das Gesicht der Stadt bestimmen.

Es begann mit dem Wiederaufbau der zerstörten Gedächtniskirche nach einem Entwurf Egon Eiermanns. Der berühmte Architekt Hans Scharoun errichtete die nachts leuchtende Philharmonie nebst Kammermusiksaal unmittelbar neben dem weggemauerten Potsdamer Platz. Auch andere bedeutende Architekten, wie Hans Kollhoff (noch heute aktiv), Werner Düttmann (Akademie der Künste im Tiergarten, Brücke-Museum in Dahlem) prägten die westliche Halbstadt. 1957 zog die Internationale Bauausstellung (IBA) weltweit renommierte Architekten an, um das zerstörte Hansa-Viertel neu aufzubauen. Zeitgleich erhielt der französische Architekt Le Corbusier den Auftrag zu einem Hochhaus, das zunächst ebenso im Hansa-Viertel stehen sollte, dann

---

9 In: Geist der Politik, Literarisches Colloquium Berlin, 1965

Die Philharmonie, Baubeginn 1960, leuchtet noch heute für Freiheit durch Kultur.

jedoch in der Nähe des Olympia-Stadions errichtet wurde. Eine zweite IBA 1987 führte zu einer stadtpolitischen Wende gegen die in den 1960er- und 70er- Jahren praktizierte Abrisspolitik – sogenannte Flächensanierung – zugunsten der »behutsamen Stadterneuerung«. Sie verhinderte den Abriss stehengebliebener Altbauten, vor allem in Kreuzberg; Chefarchitekt war Hardt-Waltherr Hämer. Es begannen heftige Diskussionen um einen menschlichen Städtebau, es ging um die Bewahrung von Urbanität.

Westwärts

Der Westen Deutschlands half dem Einigungsprozess vor allem finanziell, Vorbehalte blieben. Mir ist nicht bekannt, wie viele Menschen im Westen Deutschlands nach dem Fall der Mauer für die staatliche Wiedervereinigung waren. Das vereinte Berlin wurde jedenfalls mit einer Kampfabstimmung um die Hauptstadtwürde begrüßt, die nur ganz knapp (inkl. PDS) für Berlin ausfiel. Doch bis heute verweigert man der Hauptstadt die zugehörigen Bundesministerien, die zur Hälfte in Bonn verbleiben. Die Bundesrepublik hatte lange Zeit die Finanzierung von West-Berlin übernommen, dabei aber zugesehen, wie aus der größten Industriestadt Deutschlands durch Wegzug der großen Unternehmen eine »Minibasis« wurde, in der allenfalls noch Zigaretten gedreht wurden. Die großen Unternehmen AEG, Allianz und andere kehrten auch nach der Wiedervereinigung nicht in die Stadt zurück.

Erst 1981 mit der Wahl Richard von Weizsäckers zum Regierenden Bürgermeister gewann die Stadt an Bedeutung. Weizsäcker hatte sich für mehr als den Kurfürstendamm interessiert, suchte vor dem Mauerfall auch das eingemauerte Ost-Berlin auf und berief mit Meinhard Ade einen Pressesprecher, der zu den Einheitsbefürwortern gehörte.

Allmählich nahm der Westen Berlin wahr. Norbert Lammert, der wichtigste Kulturpolitiker in West-Deutschland, suchte während der 2000er-Jahre das Gespräch, ebenso wie einzelne Kulturpolitiker westlicher Bundesländer. Das Thema »Ost/West« beschäftigte auch den Süden Deutschlands, der mich 1991 zu einer Diskussion nach Tutzing einlud.

Schon vor dem Mauerfall hatte sich das Saarland als solidarisch mit West-Berlin gezeigt. Nach dem Mauerfall besuchte der damalige Ministerpräsident Peter Müller die Stadt, ebenso der Vizepräsident des Landtages, Gerd Meyer, der spätere Sozialminister in Sachsen-Anhalt Werner Schreiber, auch Rudolf Dadder, Sozialpolitiker und Autor. In der gespaltenen Stadt wurden die Solidarität und der Patriotismus des Saarlandes mit Anerkennung zur Kenntnis genommen. Heute ist das Thema »Ost/West« mindestens in Berlin erledigt.

Urbanität – das weite Feld

Insgesamt hatte die westliche Halbstadt in den ersten, den schwersten Jahren im Städtebau und der Kultur eine internationale Qualität vorgelegt, die heute vermisst wird. Vergleicht man damit heutige Neubauten, etwa der Europa-City am Hauptbahnhof oder der Eastside Gallery neben der Spree, den immer noch unansehnlichen Bau des ICC, dann wird der qualitative Unterschied deutlich. Erkennbar ist ein Mangel an Geist und Qualität. Der qualitative Elan von West-Berlin war erloschen. Analog die Entwicklung im Ostteil.

Dort setzte sich Wolf-Rüdiger Eisentraut, einer der Erbauer der Häuser in Marzahn, kritisch mit den Maßstäben des DDR-Städtebaus auseinander: »In den 1970er-Jahren entstand eine Scheibenbauweise in leerer Landschaft. Die rationalen Montagemethoden gingen auf Kosten der Architektur. Was dazu führte, dass die Wohnhäuser von Saßnitz bis Klingenthal alle gleich aussahen.«[10] Adolf Arndt verlangte von der Architektur die Rückbesinnung auf politische Werte, »gestoßen vom Erschrecken über den Gesichtsverlust menschlichen Siedelns«. Er forderte, noch heute gültig, »die Demokratie als Bauherr«.[11]

Im Westteil der Stadt wurde über den Wiederaufbau des in der DDR gesprengten Stadtschlosses gestritten, der mit einer Stimme Mehrheit schließlich doch beschlossen wurde. Damit erhielt die historische Mitte Berlins mit den Bauten von Knobelsdorff, dem Forum Fridericianum und Schinkels Museen einen Abschluss und die ihr zukommende Fasson. Nach wie vor nicht entschieden ist das Schicksal der Schinkelschen Bauakademie, deren Wiederaufbau zwar vom Deutschen Bundestag beschlossen ist, die sich aber einer sogenannten Bundesstiftung Bauakademie erwehren muss. Die jedoch weigert sich, die berühmte historische Fassade wiederherzustellen. Auch die Bauakademie war in der DDR abgerissen worden. Else Lasker-Schüler 1912: »Welcher Dilettant hat das Wort ›modern‹ erfunden?«

---

10 Tagesspiegel vom 6. Februar 2024, Seite B 12
11 D. h.: keine Paläste, ob von Erdoğan, Ceausescu, Putin …; in: Geist der Politik, Literarisches Colloquium Berlin, 1965, S. 218

Der Kollhoff-Tower ist ein singuläres Meisterwerk am Potsdamer Platz, das mit seiner roten Backsteinfassade an Hochhäuser in New York erinnert.

Nur aus zeitpolitischen Gründen angemerkt sei, dass die Bauakademie vor mehreren Jahren durch die Spende des verstorbenen Unternehmers Hans Wall ohne Inanspruchnahme öffentlicher Mittel hätte original wiederhergestellt werden können – eine ähnlich ablehnende Haltung nahm der Berliner Senat gegenüber dem von Scharoun und dem Architekten Wischnewski angebotenen Wiederaufbau des Gästehauses am Kulturforum ein. Auch dieses, die Scharounsche Stadtlandschaft abschließende Projekt hätte die öffentliche Hand finanziell nicht belastet.

Was ist Urbanität? Ausdruck einer der Stadt eigenen Persönlichkeit, ein Ausweis von Charakter, eine spezifische Identität, die ein Vertrautsein mit der Stadt schafft, einen »Per-Du-Umgang« mit ihr. Unstreitig dürfte sein, dass eine Urbanität nicht vorliegt, wenn sich die Stadt zu flächenhaften Abrissen entscheidet, wie in West-Berlin bis in die späteren 1980er-Jahre. Hier wurde massiv abgerissen, vor allem Altbauten in Kreuzberg, und durch öde Neubauten ersetzt. Gleiches geschah in jenen Jahren in den südwestlichen Villen-Bezirken, in denen die gewerkschaftseigene Neue Heimat charakteristische Villen und Landhäuser aufkaufte, abriss und durch Dutzendware ersetzte. Auch dies zum Nachteil des Stadtgesichts. Denkmalschutz und Ensembleschutz spielten keine Rolle.

Zu den bekanntesten Opfern gehörte der Berliner Sportpalast, der 1973 abgerissen und durch einen überdimensionalen Sozial-»Palast« ersetzt wurde. Er war 1910 eröffnet worden, in der Feierstunde dirigierte Richard Strauss. Der Sportpalast entwickelte sich zu einem berühmten Veranstaltungsort für Boxkämpfe, Eiskunstlaufen, Radrennen. Reinhold Habisch wurde als »Krücke« zur Kultfigur, der zur Gaudi des Publikums die Erkennungsmelodie pfiff, angeblich achtmal in der halben Stunde. 1943 hatte Goebbels den Sportpalast für seine berüchtigte Kriegsrede missbraucht.

Gleichfalls barbarisch mutet noch heute der Abriss des Anhalter Bahnhofs an, des berühmtesten Fernbahnhofs der Stadt, von dem aus bis 1959 noch Züge nach Mittel- und Ostdeutschland fuhren. 1959 wurde seine Sprengung durch den Senat (verantwortlich: Senator Rolf Schwedler) veranlasst. Übrig blieb allein der Portikus, der heute vereinsamt in der Kreuzberger Gegend herumsteht.

Abrissbarbarei

Das bekannteste Beispiel für den schlechten Umgang mit dem Altbaubestand war in Kreuzberg zu beobachten, wo das vom Krieg verschonte Viertel SO 36 schon zum Abriss freigegeben war, wären da nicht die Hausbesetzer gewesen. Deren Intentionen hatten zwar mit der Bewahrung von Architekturqualität der Vergangenheit wenig zu tun, immerhin aber retteten sie die Häuser vor deren Transformation in kahle Wohnmaschinen. Die ersten Gegenstimmen gegen den geplanten Kahlschlag kamen von Wolf Jobst Siedler, Julius Posener, dem Starkdeutsch-Dichter Mathias Köppel. Aber die die Stadt beherrschende Funktionärstechnokratie reagierte nicht, ebenso wenig meine Partei.

Zusammengefasst: Der Begriff »Urbanität« als Ausweis einer stadtpolitischen Identität mit einer die Menschen erreichenden Ausstrahlung gehört nicht zu den Herzenssachen der Berliner Politik trotz zahlreicher Verluste im Zweiten Weltkrieg und während der Teilung.

Die Beachtung ökonomischer und ökologischer Parameter genügt nicht, um ein menschliches Wohnumfeld zu schaffen. Natürlich geht es nicht um die Nachahmung eklektizistischer Stilvorlagen, sondern um Architekturqualität, wie sie z.B. in den 1950er-Jahren beim Neubau des Hansa-Viertels, der dortigen Akademie der Künste geschaffen wurde oder nach der Wende durch das Hochhaus von Hans Kollhoff am Potsdamer Platz.

Bildende Kunst

Die bildende Kunst machte in West-Berlin von sich reden, auch sie kann hier nur gestreift werden. George Grosz kehrte zurück, lebte am Savignyplatz, starb aber bald. Karl Schmidt-Rottluff, der große Maler und Ehrenbürger der Stadt, förderte die Entstehung des Brücke-Museums in Dahlem durch Ankauf einzelner Bilder von Brücke-Kollegen. Es kam zu Diskussionen zwischen abstrakter und konkreter Malerei, die zum Glück nicht entschieden wurden. Ernst Wilhelm Nay, ein großer Abstrakter, lebte in der Stadt, manche seiner Bilder schmücken die Deutsche Oper. Auch der Maler Kurt Mühlenhaupt, bekannt zunächst als Kreuzberger Milieumaler, ein Autodiktat, Freund von Günter Bruno Fuchs und Robert Wolfgang Schnell, der in dem berühmten Restaurant »Leierkasten« in Kreuzberg lebte und webte, ergänzte die Reihe bekannter bildender Künstler. Johannes Schenk, Dichter, Maler, Teil der West-Berliner Kreativszene, Lebensgefährte von Natascha Ungeheuer, starb 2006.[12]

Auch Galerien entstanden. Zu nennen sind mindestens die Galerie Nierendorf mit Florian Karsch und die Galerie Pels-Leusden mit Bernd Schulz, die das Kunstgeschehen in der geteilten Stadt ergänzten. Von viel mehr müsste die Rede sein, übersteigt aber meine Möglichkeiten.

Günter Bruno Fuchs

»Gemütlich summt das Vaterland.« Ein Berliner Malerpoet, nach eigener Einschätzung »ein freischaffender Trinker«, mit 49 Jahren 1977 verstorben, wurde literarisch betreut und verlegt im Hanser Verlag. Er verfasste mehrere Bücher und Essays, z. B. einen »Reiseplan für Westberliner«.

Anlässlich einer Gruppenreise nach Moskau spürt er dem Thema Ordnung und Staatsbürokratie nach, erzählt von Benimmregeln, Warterei, Höflichkeitsgeboten, Drängeleien auf der Reise nach und in Moskau, wie z. B.:

Wir stehen herum, dann stehen wir rum, dann steigen wir ohne zu drängeln ins Flugzeug.
Wir hören unsere Herzen bibbern.
Wir trinken einen saukalten Wodka aus Saratow, wobei wir den Ausdruck ›saukalt‹ bestenfalls auf Deutsch fallen lassen.
Wir suchen nachts die Hoteltoilette auf und pinkeln nicht in das Handwaschbecken.

---

12 2024 gewürdigt in einer Ausstellung in der Galerie Brockstedt; vgl. Tagesspiegel vom 10. August 2024.

Wir bemerken, dieser Mann hat einen sitzen, doch darf sich das Beispiel nicht wiederholen.

Bei den Berliner Malerpoeten handelt es sich um 14 malende und schreibende Künstler und Künstlerinnen, die ihre Inspiration nach Aldona Gustas dem Inseldasein West-Berlins verdanken.

Großes Theater

Die Rolle des Berliner Theaters beginnt schon mit Kriegsende.[13] Wie sah es im guten alten West-Berlin mit der Pflege und Qualität des Theaters aus, wie fällt der Vergleich zu heute aus? Die vielen Künstler, die uns Jungen durch das Programm »Theater der Schulen« – 1,50 DM pro Karte – nahegebracht wurden, kann ich nicht alle aufführen. Wer an Vollständigkeit interessiert ist, dem sei das Buch von Boleslaw Barlog – »Theater – lebenslänglich« – empfohlen. Ich beschränke mich auf die Erwähnung von Theaterlegenden wie Martin Held, Ernst Deutsch, Tilla Durieux, Klaus Kammer, Fritz Kortner, Curt Bois, Erich Schellow, Bernhard Minetti und Carl Raddatz. Barlog, der Intendant, hatte in den 1960er-Jahren Václav Havel, damals ein junger Schriftsteller in Prag, eingeladen, in der Schillertheater Werkstatt zwei seiner Stücke zu zeigen. Bald etablierte sich nach Fritz Kortner und Erwin Piscator als neuer Regiestar Peter Stein in der »Schaubühne«, zunächst in Kreuzberg, dann in Charlottenburg, als Schauspielerinnen und -spieler mit dabei Jutta Lampe, Edith Clever, Corinna Kirchhoff, Angelika Domröse, Gert Voss, Hilmar Thate u. a. sowie der Schriftsteller Botho Strauß als Dramaturg – heute Lars Eidinger und Klaus Maria Brandauer.

In die Nach-Wende-Diskussionen um die sich neue strukturierenden Berliner Theater, insbesondere das Berliner Ensemble,

---

13 Vgl. Walther G. Oschilewski/Lothar Blanvalet (Hrsg.): Berliner Almanach 1948, Berlin 1948, Seite 49 ff.

schaltete sich auch Barbara Brecht-Schall ein, die Tochter Bert Brechts und Ehefrau von Ekkehard Schall. Sie verfügte über die Rechte am BE und kritisierte Kultursenator Roloff-Momin, den sie »Moloch-Ruin« nannte. Barbara Brecht-Schall wirkte unverklemmt, nicht eitler als in Berlin üblich, wohnte in der Friedrichstraße und auf dem Brechtschen Anwesen am Buckower See, Hollywood-like mit Bootssteg und Sauna. Zur Weihnachtszeit schickte sie mir jeweils einen von ihr gebackenen Weihnachtsstollen.

Name Dropping

Es dauerte nicht lange, da ließen sich Günter Grass, Uwe Johnson, Max Frisch und andere bedeutende Schriftsteller wie Benn und Brecht in der Stadt nieder. Melvin J. Lasky gab in West-Berlin den »Monat« heraus, der die europäischen Intellektuellen wie Raymond Aron, Arthur Koestler, Ignazio Silone, André Gide und Albert Camus präsentierte. Viele bedeutende Künstler arbeiteten wieder in der Stadt, darunter die schon erwähnten Erwin Piscator, Günter Kunert, Peter Stein mit dem Schaubühnen-Ensemble, in der Bildenden Kunst Karl Hofer, Karl Schmidt-Rottluff, Ernst Wilhelm Nay, kurzzeitig George Grosz, Renée Sintenis, begleitet durch Eberhard Roters. Boris Blacher und Herbert von Karajan vertraten die Musik. Auch Hildegard Knef und Horst Buchholz, Wolfgang Neuss und andere Größen des Kabaretts bewiesen, dass die geteilte Stadt inzwischen ein lebhaftes, ansehnliches Niveau in Deutschland erreicht hatte und den Vereinnahmungsversuchen des Ostens und der von diesem betriebenen Isolierung von der westlichen Welt widerstand.

Die Berliner Kulturpolitik jedoch blieb seltsam uninteressiert. Angesichts des ständigen Zustroms von Künstlern und Intellektuellen aus Mittel- und Osteuropa wurde nicht in einem einzigen Fall versucht, einen von ihnen, die oft über die Glienicker Brücke nach West-Berlin abgeschoben worden waren, hier zu halten, etwa durch das Angebot eines Lehrauftrags an einer der beiden Universitäten oder in anderen Kunstinstitutionen. Brodsky landete in New York, die Exilzeitschrift »Kontinent« erschien in Paris, der Exil-PEN blieb in London.

Praktisch der gesamte Nachlass des deutschen literarischen Expressionismus, dessen Zentrum Berlin gewesen war, ging nach Marbach, in die dortigen Archive. Es muss als Versäumnis der Berliner Kulturpolitik gewertet werden, auf solche Bestandssicherung in Zeiten der politischen Isolation zu verzichten. Aufmerksamer und zukunftsfähiger verhielt man sich in Ost-Berlin, wo die Archive der Akademie der Künste viele Nachlässe wichtiger Künstler und Künstlerinnen aufnahmen, z. B. den von Heinrich Mann. Zu nennen als ein Kämpfer gegen diese herrschende Interesselosigkeit war Walter Huder, der erfolgreiche Archivar der West-Berliner Akademie der Künste. Er tat weit mehr als ihm angesichts seiner bescheidenen Mittel möglich war. Auch er konnte jedoch nicht verhindern, dass etwa der Nachlass von Gottfried Benn fast komplett nach Marbach ging.

Berühmte Rückkehrerinnen

Auch einige berühmte Frauen kamen in jener schweren Zeit zurück. Sie alle blieben nicht lange, hatten Berlin als Ganzes, als Weltmetropole im Kopf und trafen nun auf West-Berlin, das daran nicht anknüpfen konnte. So die berühmte Ausdruckstänzerin Valeska Gert. Sie hatte sich nach ihrem Exil in den USA zunächst in Berlin-Wilmersdorf niedergelassen. Wie sie 1977 erzählte, habe sich niemand hier für sie interessiert. Deshalb zog sie nach Kampen auf Sylt, wo sie im dortigen »Ziegenstall« zunächst selbst auftrat, später Künstler, die zugleich die Gäste bedienten, singen und Gedichte aufsagen ließ.

Mascha Kaléko, die bedeutende Lyrikerin, besuchte nach der Befreiung vom Nationalsozialismus Berlin, um wieder anzuknüpfen in ihrer Charlottenburger Wohngegend, fand aber keinen Anschluss und verließ mit melancholischem Abschiedsgruß die Stadt:

29/72

Zeichnung der berühmten Ausdruckstänzerin Valeska Gert von Jeanne Mammen. Sie hatte in den 20er-Jahren aus ihrer Kurfürstendammwohnung viele Gesichter der damaligen Welt beobachtet.

Ich bin vor jenen tausend Jahren
viel in der Welt herumgefahren.
Schön war die Fremde, doch Ersatz.
Mein Heimweh hieß Savignyplatz.

Jeanne Mammen hatte die NS-Zeit in ihrer Hinterhofwohnung am Kurfürstendamm (kann heute noch besucht werden) überstanden. Auch Ada Hecht lebte dort in einem Hinterhaus, trat in dem Kabarett »Klimperkasten« auf, zu hören u. a. mit dem Song »Mein Mann spielt Roulette in Monte, und ich sitz allein in Berlin«.

Die bedeutende Bildhauerin Renée Sintenis überstand die NS-Zeit, obgleich mehrfach behelligt, in Berlin. Ihr Berlin-Bär begrüßt bis heute, noch vor dem Funkturm Neuankömmlinge in Berlin. Die Kleinplastik wird alljährlich als Goldner und Silberner Bär bei den Internationalen Filmfestspielen verliehen.

In den 1960er- und 70er-Jahren kehrte auch Lieselotte Strelow nach Berlin (West) zurück und blieb hier für einige Jahre. Sie war 1908 in Pommern geboren und hatte sich in den 1930ern schnell zu einer wichtigen Fotografin des damaligen Berlin entwickelt. Ihr am Kurfürstendamm betriebenes Atelier wurde allerdings durch Bomben zerstört. Sie lebte nach Kriegsende in einigen westdeutschen Städten und produzierte Fotografien berühmter Menschen wie Gottfried Benn, Kurt Schumacher, Elisabeth Flickenschildt und anderer. Nach ihrer Rückkehr nach Berlin litt sie unter dem Stadtverlust und einigen Spießigkeiten, die sie wahrnahm, z. B. die Aufschrift in einem Wilmersdorfer Geschäft »Elite Hosen«. Wir hatten uns angefreundet, ich konnte sie hier nicht halten. Sie zog nach Hamburg, wo sie 1981 verstarb.

Auch Hanna Höch, die berühmte Dada-Künstlerin, kehrte nach der NS-Zeit, die sie im Ausland verbracht hatte, nach West-Berlin zurück. Schon 1946 stellte sie in der Galerie Gerd Rosen aus. Ich hatte sie Ende der 1960er-Jahre in ihrem verwunschenen Haus in Heiligensee besucht und erinnere mich, wie sie eine Begegnung mit Kurt Schwitters schilderte. Der habe ihr spontan aus seiner Hosentasche ein Stück Schokolade angeboten, was sie ablehnte. Sie verstarb 1978.

Marlene Dietrich kehrte nicht zurück. Sie hatte 1939 die US-amerikanische Staatsbürgerschaft angenommen. Mehr als ein, zwei sporadische Kurzbesuche nach Berlin waren ihr nicht wichtig. Sie starb 1992 in Paris, hatte aber darauf bestanden, in Berlin begraben zu werden.

Natürlich nahm man nur einen Ausschnitt der verrückten Halbstadt wahr. Nicht das berühmte Hansa-Studio 2, in dem viele Musikproduktionen entstanden, und auch nicht David Bowie und Iggy Pop, die an mir vorbeispielten, wohl aber das Living Theater, eine berühmte Theatergruppe aus New York, die sich mehrere Monate lang im Berliner Sportpalast niederließ. Eine eindrucksvolle Truppe, die sich zunehmend durch ein aggressives Publikum gestört fühlte. Die Schauspieler konnten sich vor Ort nicht ausleben. Die kulturlose Stadtpolitik West-Berlins ließ am Ende den Sportpalast abreißen, wodurch Berlin ein markantes Stück seiner Identität und Vitalität verlor – die Wut darüber und über die Spaltung der Stadt trieb mich in die Politik.

Aus der Wissenschaft kehrten u. a. Otto von Simson, Richard Löwenthal und Ernst Fraenkel, sämtlich jüdischer Herkunft, zurück als Ordentliche Professoren der Freien Universität, Walter Huder als Archivar der Akademie der Künste im Hanseatenweg. Es kann hier nur um einzelne Beispiele gehen, um eine Auswahl, für mehr war auch die westliche Halbstadt zu groß.

Ohne die Dichte dieses Kulturangebots, des Nachtlebens mit seinen Kneipen, Galerien, Bars, Restaurants, ohne Tennis Borussia und Hertha BSC, die das Olympia-Stadion füllten, ohne »Bubi« Scholz, der im Boxring kaum jemanden ungeschoren ließ, ohne den »Dicken Heinrich«, dessen Bockwürste am Kurfürstendamm verzehrt wurden, und und und – ohne sie wäre der ungemütliche politische Alltag schwerer auszuhalten gewesen. Was sich wie eitles *name dropping* liest, war Teil der Überlebensstrategie der politisch und wirtschaftlich lebensunfähigen Stadt, die, wie Professor Klaus Schroeder vom Forschungsverbund SED-Staat an der Freien Universität feststellte, Zielobjekt von SED und Staatssicherheit war, West-Berlin zu »erobern« und mit ihrem Personal zu ersticken. Der israelische Architekt Zvi Hecker stellte fest:

> *Als Insel im Meer kommunistischer Regime musste West-Berlin seine Wichtigkeit und Existenzberechtigung unter Beweis stellen, besser und sichtbarer sein als die Welt um sich herum. Deshalb antwortete die Halbstadt mit der Gründung der Freien Universität mit Wissenschaftsortungen und Kultur in spektakulären Bauten. Andere Abwehrmittel standen ihr nicht zur Verfügung.*[14]

Name dropping oder nicht. Jene beeindruckende Balance von Kultur und Geist in der Stadt prägte ihre Vitalität und Ausstrahlung.

Die Frage, was Künstler und Wissenschaftler bewegte, vom »sicheren Port« im Westen aus ihr Leben mit dieser halben Stadt zu teilen, hinein in eine ungesicherte ökonomische und politische Zukunft, ist nicht leicht zu beantworten. Es handelte sich z. B. bei Scharoun oder Karajan ja nicht um jugendliche Spontis, die sich ausprobieren wollten, sondern um erfahrene Persönlichkeiten, die ihr Lebenswerk vollendeten. Nur in wenigen Fällen, wie bei Axel Springer, dürfte es Patriotismus gewesen sein. Offenbar ging von dieser eingeschnürten zukunftslosen Stadt ein Reiz aus, den vor allem Künstler empfanden, die sich dem Schutz der Kultur anvertrauten, dem Mythos West-Berlin.

So stellte Max Frisch 1969 fest: »Wer sich nicht in Berlin [West-Berlin, ULB] niederlässt, ist selber schuld.«

---

14   Tagesspiegel vom 7. November 2013

HALBSTADTLEBEN

Stadtgesicht

Mit seinem Stadtgesicht konnte das zerstörte, entleerte, isolierte West-Berlin mit anderen Städten nicht mithalten. Die Leere des Potsdamer Platzes hinter der mit Stacheldraht befestigten Mauer, das verlassene Diplomaten-Viertel, die Schüsse auf Flüchtlinge an der Mauer, der gedrosselte Reiseverkehr, die quantitativ sterbende Halbstadt. Nur junge Leute, die sich um den Wehrdienst drücken wollten, kamen hinzu. Die bedeutenden Zuwanderungen im kulturellen Bereich hatten keine quantitative Bedeutung.

Punktuell allerdings lag West-Berlin in den ersten Nachkriegsjahren vorn. Dies betraf die Attraktivität des Kurfürstendamms mit seinen Theatern, Cafés, Kinos, Demonstrationen. Er zog Leute an, die eine urbane Kultur und Lebensfreude nach westlicher Lebensart suchten und lebten. Auch eine Polizeistunde gab es in West-Berlin nicht. Der Kurfürstendamm hat seinen Ruf nach dem Fall der Mauer nicht ganz bewahren können. Das Heimweh nach ihm, seinem Nimbus, bleibt gleichwohl. Der Verlust von Theatern, Cafés, und Kinos degradiert die Straße, die ihren Glanz an ihre Nebenstraßen abgegeben hat. Allerdings auch sie sind gefährdet, wie das Literaturcafé in der Fasanenstraße, dem eine zweijährige Schließung wegen Sanierung droht. Ein Teil des hauptstädtischen Lebens hat sich nach Mitte, Prenzlauer Berg und Friedrichshain verlagert.

Nicht viel besser stand und steht es um die berühmteste Berliner Straße Unter den Linden. Als Ost-Berliner Magistrale mehr tot als lebendig, ohne Fluidum, litt sie nach der Vereinigung unter jahrelangen Baustellen, wenig Cafés, Touristenmassen. Die Schinkelsche Bauakademie kämpft noch heute um ihren Wiederaufbau.

Wäre da nicht das Humboldt-Forum, würde sich die berühmte Straße ins ostwärts gelegene Nirwana verlaufen – so bleiben die antiken Pretiosen inkl. der vollständig sanierten Staatsbibliothek. Nichts aber knüpft an den Prachtboulevard vor Kriegsbeginn an. Es fehlen Cafés wie einst das Café Bauer, kleine Restaurants, auch der Name Bebelplatz (statt Opernplatz) neben der Staatsoper stellt eine Verfremdung dar. Keine Erinnerung an den berühmten Schlager »Unter'n Linden (...) geh'n spazieren die Mägdelein« oder Heinrich Heines Kontaktversuche mit einer käuflichen Dame:

Blamier mich nicht, mein schönes Kind,
und grüß mich nicht Unter den Linden,
wenn wir nachher zuhause sind,
dann wird sich schon alles finden.

Unwahrscheinlich, dass Heine die Straße in ihrer heutigen Verfassung zum Anbändeln genutzt hätte. Auch die russische Botschaft schafft seit dem Überfall auf die Ukraine wenig Gelegenheit für heitere Urbanität. Wer so etwas sucht, dem sei z. B. der Savignyplatz in Charlottenburg mit seinen Nebenstraßen empfohlen.

Das Thema »Wissenschaft in West-Berlin« soll noch kurz gestreift werden. 1948 war die Freie Universität in Dahlem gegründet worden als Reaktion auf die politische Beeinflussung der Lehr- und Lerntätigkeit an der Humboldt-Universität durch die Sowjetunion und ihre DDR-Vollstrecker. Gründungsdirektor der Freien Universität war der Historiker Friedrich Meinecke. Die Universität gilt heute als führende europäische Forschungsanstalt. In den späten 1960er-Jahren wurde die FU zum Zentrum der 68er-Bewegung und der Außerparlamentarischen Opposition, der sogenannten APO – kein Ruhmesblatt. Wie bereits erwähnt, waren aus der Wissenschaft bedeutende Professoren aus dem Exil nach West-Berlin zurückgekehrt, um der Freien Universität und der Halbstadt aufzuhelfen. Sie mussten sich bald gegen Anfeindungen der APO wehren, konnten im Einzelfall Vorlesungen nur abhalten, wenn andere Studenten ihnen zu Hilfe kamen. Spätestens die Wiedervereinigung hat zum Erlöschen jener Behinderungen geführt. Befürchtungen, sie könnten sich im Einzelfall wiederholen, sind leider nicht auszuschließen.

Alltag

Das tägliche Leben in West-Berlin fand nicht nur zwischen Philharmonie und Kulturforum statt. Besonders die Jugend erwartete mehr vom Stadtleben zwischen David Bowie und Iggy Pop. In den vollen Kneipen herrschte dröhnende, jedes Gespräch erstickende Musik, angesagt waren Flippern und Tischfußball. Die Nerven der Stadt zeigten sich, schon vor der Graffiti-Welle, an den Wänden, außen und innen. Zu lesen waren Sprüche voller Nervosität, Tempo und Witz.

> *Kotz dich frei*
> *Hurra, ich bin genormt*
> *To be or NATO-be*
> *Bunter wohnen, härter arbeiten, schneller kaufen.*
> *Halte deine Stadt sauber, iss täglich eine Taube.*
> *Anarchie ist machbar, Herr Nachbar.*
> *Esst mehr Amerikaner.*
> *Heute ihr, morgen wir.*
> *Lieben, lachen, kämpfen, leben.*
> *Wer ARD sagt, muss auch BRD sagen.*

Der russische Maler Nikolai Makarov veranstaltete halb-öffentlich in seiner geräumigen Altbauwohnung Wettrennen zwischen Kakerlaken, auf die man setzen konnte. West-Berlin war auf Zuwanderung, besonders Jugendlicher, angewiesen und hatte damit Erfolg, auch weil das Leben in West-Berlin von der allgemeinen Wehrpflicht befreite und es keine Polizeistunde gab.

»Franz Diener« – legendäre Westberliner Künstlerkneipe. Vgl. den sympathi-schen Nachruf von Karl Grünberg auf den verstorbenen Rolf Honold und die West-Berliner Zeit im Tagesspiegel vom 10. August 2024.

Jährlich in der düsteren Winterzeit fand in der Technischen Universität der berühmte Faschingsball »Zinnober« statt, ansonsten ging man in die »Eierschale«, in die »Badewanne«, um nur die bekanntesten Jazz-Keller zu nennen oder in die Diskothek »Big Apple«

Für Jüngere waren täglich/wöchentliche Radiosendungen gemacht wie Evergreens à go go (Lord Knud), Frolic at five, AFN (Mark White), SFBeat, gern empfangen auch von Jugendlichen in der DDR. 1979 erschien »Juppy« auf der West-Berliner Bühne, ein verwegener Lebenslauf. Er besetzte illegal eine Fläche im Bezirk Tempelhof, setzte einen alternativen Zirkus darauf und machte sich stadtweit beliebt.[15] Auf Ältere warteten die noch heute bestehenden Kneipen »Franz Diener« und »Zwiebelfisch«, die vor allem Künstler und kritische Jünger anzogen.

Zwischendurch ein paar Tage in Paris. Die Stadt schien an den Weltproblemen vorbei zu leben, konnte in sich ruhen, dort ging es nicht ums Überleben. West-Berlin 1977 im Vergleich dazu plebejischer, nervöser, banausenhafter, zerstörte Oberfläche, gestörte Funktionen, ständiges Bedrohtsein. Warum man hier lebte? Weil hier eine Pflicht wartete, weil die Bedrohung durch die Diktatur jenseits der Mauer immer sichtbar war und nicht hingenommen werden sollte.

Nach jeder Reise in Europa fiel mir auf, dass West-Berlin in einer anderen Liga spielte: die Verlassenheit in der Mitte der Stadt, diese lag im damaligen Ost-Berlin, selbst die Leere des Potsdamer Platzes mit Schussfeld, der Eisenbahnverkehr auf Regionalniveau gedrückt, die zum Abriss freigegebenen Mietshäuser in Kreuzberg, die Abkopplung von den Zentren der freien Welt ohne Aussicht auf eine lebensfähige, befreite Zukunft – ein unübersehbarer Malus für das Lebensgefühl in der Stadt.

---

15 Vgl. Juppy/Daniel Gäsche: Juppy – Aus dem Leben eines Revoluzzers. Militzke Verlag, Leipzig 2005

Und doch! Was band mich an Berlin von Kindesbeinen an? Seine Schönheit und Urbanität waren durch den Krieg weitgehend zerstört, Europa kannte reizvollere Städte. Schon als Kind wurde mir die Bedrohung der Stadt, ihr Überlebenskampf klar: ihre Teilung in verschiedene Sektoren, die verhängte Blockade, die Schulspeisung mit Kastanien und Eicheln bei Schulbeginn während der Blockade, die Erzählungen der hungrigen Lehrer von Wohlstand und gutem Essen, die Realität dieser Stadt war immer fraglich, nie gesichert.

Dieses Sicherheitsbedürfnis gibt es noch heute, der Stadt behilflich zu sein, wurde zur Pflicht, ähnlich der von Eltern eines behinderten Kindes – »Pflicht, wo man liebt, was man sich selbst befiehlt«, sagt Goethe. Beiden Stadthälften drohte, bei allem Aufwuchs, noch die unwägbare Zukunft durch den Status quo.

Satire ohne Zukunft

Jede befreiende Entfaltung schien aussichtslos, so viel wusste der West-Berliner von dem Angriff der Sowjetunion auf Befreiungsversuche in Mittelosteuropa, die mit Panzern erstickt worden waren. Das hatten die Menschen am 17. Juni 1953 in Ost-Berlin, 1956 in Ungarn und Polen, 1968 in Prag erfahren müssen. Die sowjetischen Panzer waren jeweils zur Stelle, wenn es galt, freiheitliche Bewegungen niederzuwalzen.

Imre Kertész über die Befindlichkeit in Mittel-Osteuropa: »Diese kleinstaatliche Kleinmütigkeit durch Trabant- und Datschen-Konformismus, der vollkommene Mangel an gesellschaftlicher Solidarität ...«

Das Stoppschild setzten auch die großen Wirtschaftsunternehmen, die Berlin verließen, weil sie an seine Zukunft nicht mehr glaubten und sich im Süden und Westen Deutschlands ansiedelten, anders als Axel Springer. Die West-Berliner mussten das zur Kenntnis nehmen, ließen sich von Satire, Frechheit und Witz ablenken.

Verhindern konnten sie den oktroyierten Status quo nicht. So nahmen sie lediglich das Pflichtgefühl mit, der Stadt wo immer aber aufzuhelfen. »Überlebenshilfe« zum Beispiel im Schwarzen Café in der Kantstraße.

Zu Ende machen, damit es fertig ist, wenn alles kaputtgeht
Er spielt Sonaten von Bach, Vivaldi – sie spült
Das sagte schon Plato: Raus aus der NATO
Wer sich nicht wehrt, kommt an den Herd
Ich kann dich in meinem Energiekreis nicht einhäkeln
Lesbisch leben, lachen, lieben, locken
Langer Weg vom Affen zum Apoll
Ich traue mich gar nicht mehr, im Frauenzentrum eine
Banane zu essen
Als Frau habe ich nichts zu verteidigen, insbesondere kein
Land; soll ich etwa meinen Kühlschrank verteidigen?

Einige aus Hunderten von Beispielen. Aus diesem satirischen Elan, einem mild realisierten Anarchismus, bezog die Halbstadt ihr Selbstbewusstsein als politisch halbe Portion, der zu ihrem Mythos führte.

Berliner Sumpf

Berlin führte kein klösterliches Leben. Auch hier gab es Baufilz und Korruption, verbunden mit den Namen Wolfgang Antes und Otto Schwanz. Beide wurden zu Gefängnisstrafen verurteilt. Ob die Erteilung der Baugenehmigung für den 120 m hohen »Kreisel« dazugehört, muss hier offenbleiben.

Noch heute steht dieses Monstrum, einst asbest-besetzt, jetzt skelettiert, auf dem früher beschaulichen Areal des Gutsdorfs Steglitz. Architektin war die 1990 verstorbene Sigrid Kressmann-Zschach, eine vorgeblich attraktive Erscheinung, die den Bauauftrag erhielt, Bausenator damals: Rolf Schwedler.

Ihm und ihr galt ein Gedicht des Maler-Poeten Matthias Koeppel[16], des Erfinders des skurrilen Jargons »Starckdeutsch«, den er in den 70er- und 80er-Jahren Abend für Abend in der Galerie Natubs vorstellte. Das Gedicht sprach sich zunächst gegen überdimensionalen Straßenbau aus, um dann in Versen zu munkeln: »Tür geit up bin stattbild fleigur und es hupft uf sine Couch, die Frau Kressmann, Kressmann-Tschautsch.«

Diese Munkelei, das mit ihr verbundene Bauensemble in West-Berlin ist unvergessen. Werner van Bebber hat aktuell an die »Patin vom Ku'damm«[17] erinnert und in einer Buchbesprechung, darin Matthias Koeppel ähnlich, auf ihre Faszination bei Bankern und Bauherren hingewiesen.

Heimsuchung von links

Was die 60er-Jahre auch prägte, waren die sogenannten Achtundsechziger, heute verharmlosend als »Studentenproteste« erinnert. Sie verabschiedeten die 50er-Jahre und zerrissen, zunehmend brutaler, die Illusion eines biedermeierlichen, unpolitischen Lebens der Gesellschaft. Sie störten sich an der bürgerlichen Welt, der parlamentarischen Demokratie, an dem Ziel der Wiedervereinigung und der Freundschaft mit den USA. Antikommunismus galt ihnen als Schimpfwort. Sie bauten keine Tunnel mehr unter der Mauer nach Ost-Berlin, sondern kehrten den Eingemauerten dort den Rücken zu, um sich konzeptionell auf die Befreiung Nicaraguas zu konzentrieren. Ihr Verhältnis zum Status quo Ost der DDR war umgekehrt proportional zu ihrem militanten Eifer gegenüber der jungen Demokratie im Westen Deutschlands und in Berlin. Akribisch entlarvten sie hier jede Manipulation und forderten von der handelnden Politik, dass sie weniger verantwortungs- als gesin-

---

16 Soweit ich weiß, sind die »Starckdeutsch«-Gedichte noch nicht vergriffen. Ihren leicht verfremdeten Geist kann ich nur empfehlen.
17 Tagesspiegel vom 23. Mai 2024

Schwarzes Cafe, bekannt geworden in den 1970er-Jahren durch anarchistische Satire. Es existiert noch heute in der Kantstaße 143 in Charlottenburg.

nungsethisch agieren sollte. Der reale Gefährdungsstatus der am Tropf der USA hängenden Halbstadt West-Berlin ließ sie kalt. Im Gegenteil: »Amis raus aus West-Berlin!« skandierten diese hellen Köpfe der Nation zu Tausenden auf dem Kürfürstendamm oder hüpften rhythmisch zu Ehren solcher Lichtgestalten wie Hồ Chí Minh und Chomeini. Ihr Verhältnis zu den Nachbardiktaturen in Mittel- und Osteuropa war durch einen coolen wegschauenden Opportunismus geprägt. So beschied der SDS der Freien Universität im August 1968 die Bitte der Studenten der Prager Universität um Solidarität beim Einmarsch der Sowjetunion in Prag mit folgender Antwort:

Die militärische Intervention [in die ČSSR] hat den Kräften des proletarischen Internationalismus erneut gezeigt, wie notwendig ihr Kampf gegen jede Form bürokratischer Herrschaft in den verschiedenen Gesellschaftssystemen ist.

West-Berlin hatte bis 1989 unter der »Schandmauer« gelitten, die sowohl Flüchtende als auch deren Helfer bedrohte. Entführungen kamen hinzu, wie die des Leiters des Untersuchungsausschusses Freiheitlicher Juristen Walter Linse 1952, der 1953 an Moskau ausgeliefert und dort hingerichtet wurde. Weitere Entführungen und Eingriffe des Ministeriums für Staatssicherheit (MfS) in das West-Berliner Leben konnten nicht verhindert werden. Das letzte Todesopfer, der knapp 20 Jahre alte Chris Gueffroy, wurde 1989, ein halbes Jahr vor dem Fall der Mauer, erschossen. Die daran beteiligten Grenzsoldaten erhielten von ihrer Regierung eine Prämie von 150 DDR-Mark.

Gewalt gab es auch innerhalb West-Berlins. Auch hier wurde geschossen und entführt. Damals verantwortliche Täter entstammten der linkradikalen sogenannten »Bewegung 2. Juni«. Am 10. November 1974 versuchten mehrere Terroristen dieser »Bewegung« den Präsidenten des Kammergerichts, Günter von Drenkmann, in seiner Wohnung zu entführen. Bei dem Handgemenge wurde er durch einen Schuss schwer verletzt und starb noch am selben Tage. Mit seiner Entführung wollten die Täter die Freilassung eines Terroristen erpressen. Im folgenden Jahr 1975 gelang ihnen die gewaltsame Entführung von Peter Lorenz, des Vorsitzenden der Berliner CDU. Er wurde erst nach dem erpressten Austausch von mehreren Terroristen freigelassen. Als Grund für seine Entführung gaben die Terroristen an, Lorenz sei ein reaktionärer Bonze. Ein paar Monate später, 1975, wurde Ulrich Schmücker an der Krummen Lanke tot aufgefunden, niedergeschossen in den Kopf mit einer Pistole. Auch dies eine Heldentat der »Bewegung 2. Juni«.

Die Gewalt von links hatte damals Konjunktur. Sie hatte sich mit der 68er-Zeit in der Freien Universität entwickelt. Operatives Zentrum war das vom SDS (Sozialistischer Deutscher Studentenbund) beherrschte sogenannte OSI (Otto-Suhr-Institut).[18]

Eine besonders schändliche Rolle spielte der damalige SDS-Vorsitzende Wolfgang Lefèvre. Im linken Kabarett »Das Bügelbrett«

wurde im Hinblick auf den SDS festgestellt: »Der SDS bestimmt, wann gelacht werden darf.« – das war schon alles an Gegenwehr von links.[19] Die verständnislosen und hilflosen West-Berliner reagierten mit dem Satz: »Geht doch rüber!«

Die 68er

Es hatte mit Professorenhochmut begonnen, eine reaktionäre Phase Anfang der 60er, die mit dem Slogan »Unter den Talaren – Muff von 1000 Jahren« gekontert wurde. Die an der FU Lehrenden waren Göttern gleich in ihrer Arroganz gegenüber ihren Studenten. Diese wurden zu den Repetitorien aus der Universität vertrieben. Der berühmteste war Rechtsanwalt Dr. Hans Egon Dreyer, der für manche zur Ersatzfigur für die universitären Autoritäten wurde. Als Fluchtgrund erinnerlich ist mir ein abstoßendes Beispiel des Professors A. B., den ich nicht buchstabiere, Friede seiner Asche. Mit dünner Stimme hatte er im vollen Hörsaal den Jura-Studenten empfohlen zu überlegen, ob sie es nicht leichter hätten, wenn sie zu den Wirtschaftswissenschaften wechselten.

Auf diese reaktionäre Phase folgte kurzfristig eine liberale, jüngere Professoren aus anderen Universitäten waren verpflichtet worden. Ich erzähle das so kleinteilig, weil ich auch die neue reaktionäre Phase nicht schone, die die sogenannten 68er kurz darauf realisierten, unter teilweise Einbeziehung der westlichen Halbstadt.

Jetzt waren Opfer Professoren, auch solche, die als Juden Deutschland hatten verlassen müssen und in die halbkaputte West-Berliner Stadt zurückkehrten, um dort mitzuarbeiten. Richard Löwenthal verglich die Form studentischen Terrors gegen ihn und Kollegen mit dem faschistischen. Die bedrohten Professo-

---

18 Heute 75 Jahre alt, ausführlich und meinungslos gestreift von Christian Walther, im Tagesspiegel vom 11. Juli 2024
19 Vgl. Hans Jürgen Buschmann im Tagesspiegel vom 23. März 2004

ren, von denen ein Teil zunächst für die Studenten Sympathie verspürt hatte, gründeten eine Notgemeinschaft, um sich der psychischen und physischen Gewalt zu erwehren und das Niveau einer unabhängigen Wissenschaft zu verteidigen. Heute erinnert nichts mehr an den verkommenen äußeren Zustand der Freien Universität und der Pädagogischen Hochschule. Kein Wunder, dass bei Studentenwahlen in dieser verworrenen, zerrissenen, ungezügelten Situation die aus der DDR gesteuerte »Aktionsgemeinschaft von Demokraten und Sozialisten« (ADS) bis zu 30 Prozent der Mandate erringen konnte. Schwer nachvollziehbar, dass der spätere Bundesminister für Natur und Umweltschutz, Jürgen Trittin, angesichts des von der RAF ermordeten Generalbundesanwalts Buback 1977 eine »klammheimliche Freude« empfinden konnte.

Heute scheint die Berliner Universität der Künste ein Ort zu sein, an dem sich »Israel-Hass und Antisemitismus offen austoben und jüdische Studenten sich nicht mehr in die Lehrveranstaltungen trauen«. Nach Auffassung eines Beobachters wirkten jene Protestaktionen der Studenten von 1968 »wie philosophische Übungen, so klug und rational wurde da gehandelt«. Diese verharmlosende Ehrenrettung des Antiamerikanismus der bestenfalls pubertierenden 68er-Gesellschaft erscheint auch wegen seiner flächenhaften Ausbreitung nicht gerechtfertigt. Die Vorgänge an der Universität der Künste im globalen Zusammenhang mit vergleichbaren Erscheinungen an der Harvard-Universität müssen mit dem Historiker Heinrich August Winkler als Zeichen der Entliberalisierung des Westens verstanden und befürchtet werden. Entsprechendes gilt von der Besetzung eines Hörsaals in der Freien Universität durch eine Aktivistengruppe »Students for Free Palestinians« am 14.11.2023.

Zurück zur 1968er-Studentenbewegung, ihrer gesellschaftspolitischen Hochstapelei. Nicht die Ost-Berliner, die in einer Diktatur lebten, wollten sie befreien, sondern das harmlose liberal-demokratische West-Berlin. Die Tötung des Studenten Benno Ohnesorg durch den Polizeibeamten Kurras 1967 wurde von den Protestierern zum Anlass genommen, gegen den »reaktionären« West-Berliner Senat zu revoltieren und mit teils gewaltsamen Umzügen, Straßensperren und Demonstrationen die politische Lebensfähigkeit West-Berlins zu bestreiten.

Was jene Kombattanten nicht wussten, wurde 2009 durch Recherchen des Stasi-Aufklärers Helmut Müller-Enbergs nachgewiesen, dass der Todesschütze Kurras im Auftrag des MfS der DDR gehandelt hatte, sodass die aufgeregten Studenten einem Phantom nachgejagt waren.

Jene 68er-Bewegung, die für ein paar Jahre in die Stadt eingefallen war, ist verschwunden. Im Stadtgedächtnis gelegentlich als Studentenbewegung verblieben, hatte sie zunächst frischen Wind nach West-Berlin gebracht, bald aber auch den Versuch, die liberalen Grundlagen der Stadt zugunsten sozialistischer Alternativen in Frage zu stellen. Ohne Rücksicht auf die abstoßende Mauer und das Sicherheitsbedürfnis der West-Berliner skandierten sie zu Tausenden auf dem Kurfürstendamm »Amis raus aus West-Berlin!« und bewunderten u. a. den Ayatollah Chomeini. West-Berlin war unter Intellektuellen aus dem Häuschen, Literaturzeitungen schmückten sich mit Mao-Gedichten. »Wer von Westberlin aus in das sozialistische Nicaragua ging, hatte gute Karten bei den Genossen.«[20] Auch Hans Magnus Enzensberger war damals so frei, nach Nicaragua zu jetten. Kaum einer will das alles heute wahrhaben. Belassen wir es bei mildem Spott über dieses linke Beiboot in unruhigem Zeitgewässer und die Hundertschaften von Mitläufern. Manche ihrer Leitfiguren wurden Minister, leben in Villen und schützten das von ihnen einst verachtete bürgerliche System oder verstecken sich wie Lefèvre als Autoren hinter dicken Büchern.

---

20 Wolfgang Schneider in der FAZ vom 24. Oktober 2023

Persönliches

Ich bin zwei prominenten Vertretern dieser Bewegung begegnet. 1967 besuchte uns Rainer Langhans. Er erzählte ununterbrochen von sich und der Kommune. Er und die Seinen hätten kein Programm, sondern wollten radikal betreiben, was ihnen Spaß mache. Niemand von ihnen arbeite. Langhans betonte mehrfach, wie intelligent er sei. Ich zog mich schnell zurück.

Interessanter Dieter Kunzelmann, mit dem ich vier Jahre lang die Abgeordnetenhausbänke (1985 bis 1989) in Berlin drückte. Trotz brachialer Ausfälle war er ein anerkannter Sprecher der AL (Alternative Liste) in Sachen Rechtspolitik. Ich mochte ihn nicht nur für seine Faxen. Ich sah ihn ein letztes Mal am 9. November 1989 am Kontrollpunkt Invalidenstraße gegen 23 Uhr. Erkannt hatte ich ihn an seiner hellen Stimme. Gretchen Dutschke-Klotz äußerte sich kritisch über Kunzelmann, dessen Konzept z. B. in der Kommune 1 sie autoritär und frauenfeindlich fand.[21]

Rudi Dutschke habe ich persönlich nie kennengelernt, nur einen Auftritt im Audimax der Freien Universität erlebt. Alles hing an seinen Lippen, er war der Mann der Stunde. Als er starb, bedauerte ich öffentlich (im Tagesspiegel) den dadurch folgenden Verlust für das politische Leben, ohne seine Gewaltfantasien zu vergessen. Auch Wolf Biermann war ihm in Ost-Berlin beim Weltjugendtreffen 1973 begegnet und war, wenn ich das recht erinnere, von seinem persönlichen Auftreten mehr angetan als von seinen Utopien. Mir brachten die persönlichen Worte zu Dutschkes Ableben eine Untersuchung der Berliner CDU zwecks Parteiausschluss ein. Richard von Weizsäcker, damals Landesvorsitzender, beendete die Diskussion.

Vor einem Jahr traf ich Dutschkes Sohn in Charlottenburg, einen freundlichen, eher sanften Menschen, der seinen Vater nie

---

21 Vgl. Tagesspiegel vom 17. März 2024

hatte kennenlernen können. Vielleicht hätte die Witwe Gretchen Dutschke-Klotz in ihrer kürzlichen Rückschau auch kurz eine Einschätzung jener gewaltsamen Zeit abgeben können. Überraschend hielt sie dem SDS, »in dem alles begann«, vor, dass Teile von ihm nicht demokratisch orientiert, sondern auf die DDR fixiert gewesen seien. Dies sei falsch gewesen. Sie habe den SDS verlassen, wegen dessen Versuchen, den anderen die Welt zu erklären. »Mit diesen Leuten wollte ich nichts zu tun haben.«[22]

Hier noch ein paar gewichtigere Urteile über die 68er: Heiner Müller erklärte die Anfälligkeit Intellektueller für Ideologien damit, dass diese die Möglichkeiten böten, die Last abzuwerfen, die jene eigentlich tragen müssten. Schärfer Habermas, der ihnen heute »fetischisierte Überzeugungen« und »irrationalistische Verklärungen des Irrationalen« vorwirft, zwecks »Instrumentalisierung des Denkens und Wissens für die Ad-hoc-Bedürfnisse der sogenannten Praxis«. Konkreter und begrifflicher der Schauspieler Horst Buchholz 1981: Die 50er-Jahre seien von unangefochtenen Autoritäten geprägt gewesen: des Vaters gegenüber dem Sohn, des Lehrers gegenüber dem Schüler, des Lehrmeisters gegenüber dem Lehrling, des Professors gegenüber dem Studenten. Hierbei habe es sich um Autoritätsverhältnisse gehandelt, die durch Krieg, Trümmer, Blockade und Demokratie weitgehend entleert waren. Deshalb seien sie, so Horst Buchholz, bei den ersten Attacken der Studenten, Punker, Skins und Pops zerbrochen. Von Jugendlichen, die sich von den Halbstarken der 50er Jahre dadurch unterschieden, dass sie keine Autoritäten mehr vorfanden, sondern die Leere einer unendlichen Freizeitgesellschaft.

---

22 ebenda

DER OKTROYIERTE STATUS QUO

Axel Springer

Anders als viele große Wirtschaftsunternehmen, die der Stadt nach ihrer Spaltung den Rücken kehrten, entschloss sich der Verleger Axel Springer 1966 von Hamburg nach West-Berlin umzuziehen und seinen Medienkonzern 1967 auf die Westseite der Mauer zu setzen, im alten Zeitungsviertel. Er wollte mit dem Hochhaus dokumentieren, dass die geteilte Stadt eine Mitte besaß und ihr Ostteil vom Westen aus sichtbar blieb. Sein mediales Beharren gegen die Teilung der Stadt, sein Anspruch auf Wiedervereinigung fanden nicht den Beifall einer links gesteuerten Gesellschaft. »Enteignet Springer!« machten sie zu ihrem Logo und versuchten noch 2008 Springers Andenken zu entwürdigen, indem sie die Straße unmittelbar neben dem Hochhaus nach Rudi Dutschke umbenannten.

Die Stadt kann damit leben, der Geist der 68er verbot nicht nur jede Dankbarkeit gegenüber dem Springerschen Solitär, sondern stellte klar, dass die Spaltung der Stadt für sie hinnehmbar und gerechtfertigt gewesen sei. Springers weitere Ziele und sein Wirken können hier nicht dargestellt werden.

Die 70er

Insgesamt hatte West-Berlin angesichts des sich verfestigenden Status quo, der unüberwindbar scheinenden DDR, des Kampfes der radikalen Linken gegen die Werte der liberalen Demokratie das gefährlichste Dezennium der Nachkriegszeit erreicht. Gleichwohl musste sie versuchen, im Interesse ihrer Menschen und deren Freiheitswillen und Widerstandsgeistes mit den unabwendbaren Fakten umzugehen. Die DDR engte West-Berlin ja nicht nur äußerlich ein, sondern betätigte sich außerhalb ihres Gebietes einschränkend rechtswidrig. So dekretierte sie z. B., dass unabhängig von der jeweiligen Eigentumslage alle Kunstgegenstände, die auf dem Territorium der DDR lagen, dieser und nicht den jeweiligen Eigentümern gehörten. Hiergegen wandte sich z. B. Nikolaus Barlach, der Sohn des Bildhauers Ernst Barlach, als ihm von der DDR-Akademie der Künste ein Vertrag über den Barlach-Nachlass angeboten wurde.

Das Interesse der DDR, in der Öffentlichkeit nicht als Kunsthehler und -dieb zu gelten, war offensichtlich. Nikolaus Barlach, der mich als Anwalt beauftragt hatte, war gleichwohl nicht einfach zur Unterschrift zu bewegen. Schließlich kam es, unabhängig von den heute irrelevanten Vertragsbedingungen, zum Abschluss des Vertrages, der am 12. März 1976 unterzeichnet wurde. Das wurde seitens der DDR feierlich umrahmt durch die Anwesenheit bildender Künstler wie Theo Balden, Werner Klemke, Fritz Cremer, Wieland Förster. Die Öffentlichkeit sollte, weshalb auch immer, außen vor bleiben. Ungerührt berichtete ich darüber dem ARD-Korrespondenten Fritz Pleitgen, was mir eine Rüge der DDR-Behörden einbrachte.

Die Umsetzung des Vertrages wurde angesichts beiderseitiger Empfindlichkeiten und eines latenten gegenseitigen Misstrauens oft Gegenstand von Meinungsverschiedenheiten. Diese dauerten bis Anfang 1990. Im Zuge der Auflösung der DDR wurde der Vertrag aufgehoben und Nikolaus Barlach in seine Rechte als Erbe eingesetzt.

Der Sohn konnte wunderbar erzählen, darunter skurrile Begegnungen in seinem Elternhaus. So habe der Dichter Theodor Däubler sich beim Essen ungeniert den Mund mit der Tischdecke abgewischt. Moeller van den Bruck habe bei einem gemeinsamen Kaffeehaus-Besuch mit Ernst Barlach in Paris den Kraftprotz spielen wollen, worauf er verprügelt worden sei.

Vogel und Vogel

Zwei Status quo-Bewahrer unterschiedlicher Herkunft und Zielsetzung prägten in den vergehenden 80er-Jahren West-Berlin. Hans-Jochen Vogel wurde später der erste Vorsitzende der wiedervereinigten SPD und kam 1981 als Regierender Bürgermeister in die Stadt. Ich hatte das Glück, ihn persönlich kennenzulernen und seine Hilfsbereitschaft und Offenheit zu schätzen. Vor seiner Rhetorik im Berliner Abgeordnetenhaus hatten wir CDU-Abgeordnete das Fürchten gelernt. »Bloß keine Zwischenrufe««, hieß es, weil der jeweilige Zwischenrufende von Vogels Repliken jämmerlich bestraft wurde.

Seine politischen Positionen im Verhältnis zur DDR und deutschen Einheit sind mir eher fremd geblieben. Ich bat ihn und von Weizsäcker um Zustimmung zu meinem Vorschlag, Wolf Biermann zum Ehrenbürger Berlins zu machen. Beide unterstützten den Vorschlag.

Auch Wolfgang Vogel, der im Dienste Honeckers unter anderem den Austausch von DDR-Flüchtlingen managte, lernte ich Ende der 1980er-Jahre kennen. Er erwies sich als hilfreich bei meiner Bitte, meiner Schwägerin aus Dresden einen Besuch in West-Berlin zu gestatten.

Vogel entsprach äußerlich nicht dem DDR-Habitus, er war Mercedes-Fahrer, gekleidet wie ein Banker, ohne jede Allüre. Sprach sich immerhin schon 1987 für Gorbatschow aus, auch im Hinblick auf die DDR-Entwicklung. Er handle im Auftrag des Staates – der DDR, daran müsse er sich strikt halten.

Beide Vogel, Hans-Joachim und Wolfgang, West und Ost, waren jeweils Anhänger des Status quo, den sie beide milder, menschlicher wollten, aber als Dauerzustand akzeptierten. Dadurch unterschieden sie sich von meinem Einheitsfundamentalismus, der mehr als mildernde Umstände wollte. Doch griff eins ins andere. Je weicher der Status quo wurde, je durchlässiger die Mauer, desto näher kam ihr Ende.

Schutzmacht USA

Viele belastete nach wie vor die politische Situation der Stadt. An der Mauer wurde geschossen, West-Berlin war wirtschaftlich vom Bund abhängig, der die Hälfte der öffentlichen Ausgaben bezahlte. West-Berlin hatte der Luftbrücke der USA zu verdanken, dass die Menschen bis zum Ende der Blockade nicht verhungerten. Der Einsatz für die weltpolitische Sicherheit West-Berlins wurde namentlich repräsentiert durch die US-Präsidenten John F. Kennedy und Ronald Reagan. Ihre Präsenz, auch durch Panzer, sicherte den Lebenswillen der Halbstadt und ihren Wiederaufbau, ebenfalls ihren Widerstandsgeist.

Die Amerikaner beließen es nicht bei sicherheitspolitischen Garantien, sondern gründeten 1974 das Aspen-Institut in West-Berlin, vermittelten Millionenbeträge zum Aufbau der Freien Universität, der Deutschen Oper und anderer wissenschaftlicher Institute. Politiker und Diplomaten wie Shepard Stone und John Kornblum belebten das deutsch-amerikanische Zusammenleben. Auch Robert Kennedy besuchte West-Berlin in den 60er-Jahren, Ted Kennedy das Schöneberger Rathaus ein paar Tage nach dem Fall der Mauer. Kein Wunder, dass das kulturpolitische Engagement der Amerikaner, etwa mit den Radiosendern AFN und RIAS Berlin und mit den Gastspielen ihrer weltbekannten Künstler, dazu führte, dass das öffentliche Leben durchaus amerikanisiert war. Die Auftritte von Louis Armstrong und Ella Fitzgerald bedienten das Bedürfnis nach Fröhlichkeit und Weltoffenheit der gefesselten Stadt. Ihre Jazzkeller – »Badewanne« und »Eierschale« –, dazu Wolfgang Müller und Wolfang Neuss, »Insulaner« und »Stachelschweine«, die Knef und Horst Buchholz, »Bubi« Scholz nicht zu vergessen, prägten ein freches, selbstbewusstes Flair, das zum seelischen Überleben in jener zukunftsarmen Zeit benötigt wurde.

Los Angeles war die Partnerstadt Berlins. Bei Besuchen der dort lebenden und arbeitenden Deutschen stellte ich gegenüber der nahenden Wiedervereinigung bestenfalls eine Gleichgültig-

Angehörige der amerikanischen Schutzmacht, der West-Berlin seine Existenz und Freiheit verdankte.

keit fest, die bemäntelt wurde mit der Furcht vor einem Freiheitsverlust in der Bundesrepublik. Ganz anders die US-Seite: Gordon Craig lud uns und seine Studenten zu einer Diskussion über die Deutsche Frage ein. Er zeigte sich amüsiert über die zögerliche Einstellung von Friedbert Pflüger und besonders von Margarita Mathiopoulos, und reagierte mit der Frage, was die beiden denn tun würden, wenn das Volk sich für die Einheit entschiede. Auch Kathleen Kennedy, die Tochter Robert Kennedys, und ihr berühmter Onkel Ted, die ich in Baltimore und Washington traf, zeigten sich an den deutschen Vorgängen im Höchstmaß interessiert.

Natürlich wäre West-Berlin im Fall eines Angriffs durch die Sowjetunion nicht zu halten gewesen. Auch das Weltkriegsrisiko schützte damals die Stadt – eine verquere Sicherheit! Als die GIs im Herbst 1994 nach fast 50 Jahren, nach getaner Arbeit, Berlin verließen, rollten ihnen manche Tränen nach.

Selbstverteidigung durch die Freiwillige Polizeireserve

Auf die naheliegende Frage, ob West-Berlin sich nur mit Kultur gewehrt hatte, mag auf die 1961 erfolgte Gründung der sogenannten Freiwilligen Polizeireserve (FPR) (1999 umbenannt in Freiwilliger Polizeidienst [FPD] und 2002 aufgelöst) verwiesen werden. Sie stellte ihrerseits eine Antwort auf das sowjetische Berlin-Ultimatum von 1958 dar, mit dem die Freiheit West-Berlins bedroht wurde, und auf die Gründung der Betriebskampfgruppen in Ost-Berlin. Die Erstausbildung in der FPR sah Marsch- und Nachtübungen, den Umgang mit Waffen, Schussübungen u. a. vor. Zu den Eingerückten gehörte auch der Autor, damals Gerichtsreferendar und ein junger Spund. Er verließ diese Einrichtung, da ihm die Ausbildung zu gemütlich erschien, was ihm keine Sympathien bei den Ausbildern eintrug.

Dem Dichter Imre Kertész erschien West-Berlin während dieser aussichtslosen Jahre des Kalten Krieges als die »europäischste Stadt Europas, vielleicht gerade, weil sie zugleich die gefährdetste Stadt von Europa war«.

Ostpolitik – eine Reality Show

So sehr die Kultur bei der Selbstfindung der Stadt während und kurz nach der Spaltung geholfen hatte, so hilflos waren die Bewohner West-Berlins angesichts der außenpolitischen Fakten, gesetzt durch die Sowjetunion und realisiert durch die DDR. Aufgenommen durch die Sozialdemokraten Oskar Lafontaine, Egon Bahr und Walter Momper für Berlin, verkauft als »Politik der kleinen Schritte«, vorgegeben als »Wandel durch Annäherung«. Die berühmte Rede Ronald Reagans vor dem Brandenburger Tor 1987, in der er den Abriss der Mauer gefordert hatte, verursachte in West-Berlin keine Aufbruchsstimmung. Die »Politik der kleinen Schritte« gegenüber der DDR wurde fortgesetzt durch Hin- und Her-Besuche der schwarzen Limousinen. Noch im August 1989 vereinbarte Momper einen Besuch bei Honecker in Ost-Berlin.[23]

Senator Ristock lud einmal jährlich auch DDR-Vertreter zu seinen Gartenpartys ein und Hans-Jochen Vogel veranstaltete, ebenfalls jährlich, mit diesen Repräsentanten in Neukölln, allerdings öffentliche Diskussionen.

Erinnerlich ist mir eine mit dem damaligen Kulturminister Hans-Joachim Hoffmann. Nach seiner Wahl im April 1989 hatte Momper hohe DDR-Vertreter in das Abgeordnetenhaus von Berlin eingeladen, alles lief, wäre es bei dieser Politik geblieben, auf eine seicht die Grundprobleme aussparende Liaison zwischen Ost und West hin. Das politische Klima miteinander blieb ungeachtet dieser Maskerade hart. So wurde ein Besuch West-Berliner Abgeordneter in Ost-Berlin zu einer Ausstellung im Museum als Einmischung in die Angelegenheiten der DDR bezeichnet (so der damalige Hoffnungsträger im SED-Apparat, Thomas Flierl, heute allerdings ein Diener der Stadt). Ein Besuch des Regierenden Bürgermeisters Eberhard Diepgen in Güstrow musste von Erich Honecker genehmigt werden und wurde sichtbar von Stasi-Autos begleitet. Der Besuch in dem dortigen kleinen Lokal war möglich, es wurde aber bei Diepgens Erscheinen geräumt. Ähnliches widerfuhr uns bei einem Theaterbesuch in Ost-Berlin und dem anschließenden Versuch, im Restaurant Ganymed zu speisen. Auch dieses Restaurant leerte sich blitzartig. Das heißt, die Realität dieser Art Ost-Politik maskierte die Entschlossenheit der DDR, es bei der Spaltung der Stadt im Sinne der Geraer Forderungen Honeckers zu belassen, allenfalls einen weiteren Sektorenübergang zu bewilligen.

Auch in Ost-Berlin hätte es keine durchgängige Erleichterung gegeben, die Mauer und der Schusswaffengebrauch wären geblieben, ebenso wie die Spitzelei, die Geldschneiderei mit West-Mark, mit der man in den sogenannten HOs bezahlen musste. Die den Ost-Deutschen verfügbare Ost-Mark war insoweit kein Zahlungs-

23   Vgl. Berichterstattung im Tagesspiegel vom 15. April 1989

mittel. Bestimmte Erleichterungen im Transit- und Reiseverkehr kamen West-Berlinern und Touristen zugute, nicht aber den DDR-Bürgern.

Aus dieser vor sich hin dümpelnden Ost-/West-Berliner Situation scherte Ulf Fink, damals Senator für Soziales und neu gewählter Vorsitzender der Sozialausschüsse der Bundesrepublik, aus und begründete einen sogenannten Deutschlandpolitischen Arbeitskreis mit dem Ziel einer konkreten Deutschlandpolitik von unten. Den Vorsitz vertraute er mir an. Die von dem Arbeitskreis unternommenen Schritte hier aufzuführen, würde zu weit führen. Ich begnüge mich deshalb mit dem Hinweis auf die umfangreiche Medienberichterstattung, dokumentiert in meinem Buch »Wandel durch Anbiederung« im dortigen Anhang. Die sozialdemokratische Ostpolitik habe ich dort einer kritischen Beobachtung unterzogen. Angesichts der obwaltenden Ostpolitik und der Erwägung des damaligen Kanzlerberaters Horst Teltschik (vgl. dessen Interview vom 8. Juli 1989), der noch ein Vierteljahr vor dem Mauerfall die deutsche Wiedervereinigung als Maximalforderung bezeichnet hatte, die ggf. die deutschen Interessen behindere, erschienen Aktivitäten in Richtung Wiedervereinigung nicht unnötig, z. B. um den Ausreisedruck in der DDR zu lindern, DDR-Touristen im mittelosteuropäischen Ausland zu helfen, Vorschläge zur Einrichtung von Solidaritätsausschüssen für die Gewerkschafen in Osteuropa zu fassen, aber auch den Verfall ganzer Altstädte in der DDR zu verhindern und die finanzielle Hilfe durch die Bundesregierung sicherzustellen.[24]

Ein Zitat aus der Tageszeitung (taz) vom 7.9.1989 zeigt, mit welchem »Problembewusstsein« seitens der West-Berliner Regierung mit der DDR verhandelt wurde. »Eine Zusammenarbeit mit der DDR will man nicht von innerparteilichen Reformen dort abhängig

---

24 Vgl. Uwe Lehmann-Brauns, Wandel durch Anbiederung, Lukas-Verlag, Berlin 2020

machen.« Die damals wachsenden Proteste innerhalb der DDR, in Leipzig und anderswo, waren überhaupt nicht zur Kenntnis genommen und Gegenstand von Politik geworden.

Ganz anders das zweijährige Intermezzo des Deutschlandpolitischen Arbeitskreises zugunsten einer konkreten, die Einheit Deutschlands befürwortenden Politik, das unvorhersehbar durch die glückliche Konstellation der Weltpolitik endete. Glücklich vor allem für Berlin, das jahrzehntelang Opfer der Spaltung und der Ostpolitik geworden war.

Diese sozialdemokratische Ostpolitik endete erst mit dem Überfall Russlands auf die Ukraine im Jahr 2014. Eine hier und da geforderte Aufarbeitung der Politik der Anbiederei wird am Schicksal der ehemals gespaltenen Stadt als Anschauungs- und Archivmaterial nicht vorbeigehen können.

Hilferuf von einst

Viele hatten damals wahrgenommen, dass der Wiederaufbau der vereinigten Stadt eine prekäre Ausgangslage vorgefunden hatte, was vor allem in den 2000er-Jahren sichtbar wurde. Es dominierte das allgemeine Gefühl von Zusammenbruch, als habe diese lautlose Implosion etwas in den Menschen niedergerissen, das Ethos des Widerstandes, das einer Daseinsform Halt gab, »und nun stehen wir siegreich, ausgeleert, erschöpft und ernüchtert da« (Kertész). Ost-Berlin hatte durch wendebedingte Entlassungen Zehntausende Arbeitsplätze verloren, auch West-Berlin schwächelte ökonomisch, da half die entstandene attraktive Clubszene, im »Tresor«, »Berghain« und »Tacheles«, kaum. Die Arbeitslosenquote 2005 betrug 20 Prozent trotz einer aktiven Kulturszene, die international auffiel.

Aus der prekären Lage der Stadt folgte die Notwendigkeit zu neuen Initiativen. Viel Druck konnte die Halbstadt nicht entfalten. Die Sprüche des Regierenden Bürgermeisters Klaus Wowereits (»Arm, aber sexy« und »Sparen, bis es quietscht«) und die

Bewerbung um die Olympischen Spiele waren nicht Ausdruck von Größenwahn (wie die Arte-Serie »Capital B« suggeriert), sondern zielten auf dringend benötigte ökonomische Hilfe, auch wenn das Bundesverfassungsgericht vom sicheren Port aus die Stadt im Hinblick auf Wowereits Wortwahl schulmeisterte und der Staat Hilfsnachfragen verfassungsrechtlich ablehnte.

Günter Grass

Zu West-Berlin gehörte auch Günter Grass, der zunächst in der Friedenauer Niedstraße lebte und sich an politischen Diskussionen beteiligte. Auf seine vielfältigen Auftritte, Parteimitgliedschaft und Freundschaften kann hier nicht eingegangen werden, auch nicht auf die mit Uwe Johnson, der damals nicht in Berlin lebte. Er hatte Grass gebeten, in seiner Abwesenheit ein Auge auf seine in derselben Straße liegende Wohnung zu haben, was Grass nicht zur Zufriedenheit erfüllte: Die Wohnung wurde besetzt. Johnsons Brief an die Untermieter, wohl 68er, endete mit der Grußformel »Mit enttäuschten Grüßen«, die ich seitdem oft genutzt habe.

Grass, dessen außenpolitische Haltung gegenüber Russland der der heutigen Linken glich, vertrat z. B. in einer Podiumsdiskussion 1984 engagiert die Aussetzung der sogenannten NATO-Nachrüstung, während ich die westliche Sicherheitsstrategie befürwortete. Dies brachte mir sein Verdikt als »therapieunfähiger Reaktionär« ein, der sich vor den aggressiven Zielen der NATO nicht fürchtete, was die Hundertschaft anwesender »Ärzte gegen den Atomkrieg« mit tosendem Beifall bestätigte. Entstehende Ähnlichkeiten zur heutigen Ukraine-Politik der Linken sind nicht rein zufällig.

Dennoch gelang es, ein Jahr später den Kontakt mit Günter Grass zu erneuern. Es ging um ein mit der DDR zu vereinbarendes Kulturabkommen, das er, zu Recht, ablehnte, weil es nur dem Repräsentationsinteresse der regierenden Apparate diente. Es werde, prophezeite er, keine politische Wiedervereinigung mehr geben, die sei 1945 verspielt worden. Aber die Kultur habe sich aus der politischen Zweistaatlichkeit ausgeklinkt. Es sei der DDR nicht gelungen, die deutsche Kultur zu spalten. Das war Wasser auf meine Mühlen, und ich war zufrieden, meine eigenen Vorstellungen im Berliner Kulturausschuss mit Grass-Zitaten wichtiger machen zu können.

Ein weiteres Mal traf ich ihn in der Akademie der Künste, in die er mich nach einer Diskussion als deren Präsident in sein Zimmer eingeladen hatte. Wir sprachen über Gottfried Benn, der sich 1933 in der Preußischen Akademie eklig verhalten habe. Ich solle mir von Huder, dem damaligen Archivar der Akademie, die Protokolle zeigen lassen. Ich bin ihm nach der Wende nicht mehr begegnet. Der Nobelpreis hat ihn in die Zeit zurückgebracht, allerdings geschwächt durch die von ihm lange verschwiegene Mitgliedschaft in der Waffen-SS.

Zum Ende der 80er-Jahre

Die 80er-Jahre neigten sich ihrem Ende zu. Mit der SED und ihrem Staat ging es langsam bergab, der Legitimitätsdruck nach innen wurde zunehmend größer. Davon unberührt zeigte sich der rotgrüne Senat. Er sorgte dafür, dass die SED mehr und mehr Präsenz in West-Berlin erhielt. So waren hochrangige Vertreter bei der Wahl Mompers zum Regierenden Bürgermeister im West-Berliner Parlament anwesend. Bald darauf, im Juni 1989, schaffte die rotgrüne Mehrheit im Berliner Parlament die Eingangsformel ab, die den Wunsch nach Wiedervereinigung Deutschlands mit Berlin als Hauptstadt enthielt. Die Vizepräsidentin, die Grünen-Abgeordnete Hilde Schramm, lud im September 1989 eine SED-Delegation zum Mittagessen ins Abgeordnetenhaus ein und empfahl unangenehmen Fragen nach der Reaktion der SED auf das Massaker auf dem Platz des Himmlischen Friedens in Peking durch Interviewverweigerung gegenüber dem SFB aus dem Wege zu gehen. Die

Linke in Deutschland, in Berlin zumal, hatte die DDR akzeptiert. Dabei wurden die Bewohner im Osten der Stadt mit der Diktatur alleingelassen, d. h. mit Polizeistaat, Staatssicherheitsdienst, Grenzregime, Mangelwirtschaft. West-Berlin sollte die Mauer behalten, ebenso seine Trennung von der Bundesrepublik, seine trübe Zukunft. Die sogenannten Geraer Forderungen Honeckers, die die Spaltung besiegeln wollten, wurden von der politischen Linken akzeptiert. Sie alle wussten offenbar nicht oder verdrängten, in welchem Ausmaß die DDR mittels der Stasi West-Berlin beobachtete, abhörte, auf ganze Gebäude, wie z. B. das von Jürgen Fuchs in Tempelhof, zugriff und Entführungen organisiert.

Eine beschämende Komik lag dieser Politik insofern zugrunde, als die Diktatur in der DDR immer brüchiger geworden war, während die Linke in West-Berlin sich in Anbiederung überbot. Je mehr die DDR zerfiel, desto mehr Zuspruch und Nachsicht wurde ihr durch Rot-Grün zuteil. In ihre Funktionärsblase platzte der berühmte Donnerstag am 9. November 1989.

DEUTSCHE EINHEIT –
KEIN AUTOMATISMUS

9. November 1989

Die meisten Menschen in Deutschland haben den Mauerfall nur mittelbar über die Medien miterlebt. Ich fuhr am 9. November gegen 22 Uhr, angeregt durch Fernsehbilder, mit einem Freund zur Invalidenstraße in Berlin-Mitte, einem Übergang nach Ost-Berlin. Als wir dort eintrafen, war er umlagert von ca. 100 West-Berlinern, die periodisch intonierten: »Wir wollen rein! Wir wollen rein!« Unter ihnen entdeckte ich den Kommunarden Dieter Kunzelmann, den ich an seiner krächzenden Stimme erkannte, sowie den Schriftsteller Hans Joachim Schädlich. Auf Seiten der DDR-Kontrollorgane, jenseits der Stadtgrenze, bemühte man sich zunächst, »business as usual« zu zeigen. Ab und zu sprang ein West-Berliner Punk von der Mauer hinunter in den DDR-Kontrollbereich, wurde dort sofort aufgegriffen und in den Westen zurückbugsiert, statt wie in den Jahren zuvor abgeführt zu werden. Lange ließ sich das Katz-und-Maus-Spiel nicht fortsetzen. Auf ein imaginäres Zeichen hin sprangen wir plötzlich in den Übergang hinein und erlebten, wie die Zöllner und Grenzpolizisten, statt auf uns zu schießen, beiseitetraten und sich passiv verhielten. Aus der Gegenrichtung kam eine unabsehbar lange Kette von Trabbi-Fahrern, die in den Übergang auf östlicher Seite hineinfuhren. Die Fahrer, zum Teil in Schlafanzügen, weil sie auf die Nachricht von der Öffnung der Mauer aus dem Bett in ihren Trabbi gesprungen und Richtung Westen gefahren waren. Ost- und West-Berlin stürmten im Einheitsrausch aneinander vorbei und aufeinander zu, jeweils in die Gegenrichtung. Da erblickte ich Walter Momper in dem Grenzübergang, der ein Dach erklommen hatte und in das erwartungsvolle Gewimmel hineinrief: »Liebe Berlinerinnen und Berliner, ich kann ja Ihre Emotionen verstehen, aber ich bitte Sie, stören Sie nicht die Abfertigung!« So sehr ich seine Präsenz an diesem Ort zu dieser Stunde begrüßte, so lächerlich desorientiert war diese Empfehlung. Die Ost-Berliner hatten nur eine Frage: »Wie kommen wir zum Ku'damm?« Wir West-Berliner begaben uns über die Friedrichstraße zur Straße Unter den Linden, um das Brandenburger Tor auf seiner Ostseite zu erreichen. Dort gegen Mitternacht angekommen, wurden wir aufgehalten durch eine Postenkette aus grauen Soldaten, die uns den Weg zum Brandenburger Tor versperrte. »Hören Sie«, sagte ich zu einem der Offiziere, »die Mauer ist auf. Was tun Sie hier noch? Es hat keinen Sinn mehr, das Brandenburger Tor zu bewachen; lassen Sie uns durch!« »Bleiben sie, wo sie sind!«, entgegnete der Offizier, allerdings mehr bittend als befehlend. Fünf Minuten später teilte sich die Postenkette nach links und rechts und gab den Weg zum Brandenburger Tor frei. Jubelnd und vor Freude weinend umarmten wir das Tor, bildeten eine Kette, die herumtanzte und halfen denen, die nach West-Berlin wollten, über die Mauer hinweg. Die weiteren Bilder sind bekannt. Gegen halb fünf Uhr in der Frühe verließ ich die wiedereröffnete Mitte der Stadt und fuhr nach Hause, was mehrere Stunden dauerte. Denn inzwischen hatte auch der Westen der Stadt mitbekommen, was geschehen war, und war auf allen Beinen und Rädern unterwegs Richtung Mauer.

Seit dem 9. November 1989 war klar: Mit diesem Dammbruch war die DDR nicht mehr zu halten. Nachdem die Leipziger am 9. Oktober die Gewissheit erstritten hatten, dass die Sowjetunion nicht mit Waffengewalt vorgehen würde, war die DDR verloren.

Die Einheitsfeier am 3. Oktober 1990 im Schauspielhaus am Gendarmenmarkt war keine Jubelfeier, geriet auch nicht zum Volksfest, kein Siegerlächeln zeigte sich. Eine nervöse Spannung lag über der Stadt, verstärkt durch patrouillierende Hubschrauber. Ohne Mauer wurden jetzt die Wunden sichtbar, die der Stadt 40

Jahre lang zugefügt worden waren. Der Verfall allenthalben, die Brache des Todesstreifens am Potsdamer Platz, die toten »Linden«, das Kulissenhafte der historischen Gebäude, der Kontrast zur Westhälfte. Die Stadt hatte ihr Gesicht verloren, was der Festakt nur kurzfristig verdeckte.

Es galt, sich mit dieser pathoslosen Einheit abzufinden, dem raschen Verglimmen der Funken vom 9. November 1989. Friedrich Schiller, 1790: »Enthusiasmus ist der kräftige Stoß, der die Kugel in die Luft wirft, aber derjenige hieße ein Tor, der von dieser Kugel erwarten wollte, dass sie ewig in dieser Richtung mit dieser Geschwindigkeit auslaufen sollte.« Töricht wollen wir nicht dastehen, vor allem nicht vor dem großen Schiller. Gleichwohl können wir zufrieden sein. Denn am Ende hat es der Weltgeist mit den Deutschen gutgemeint, obwohl er ihnen nichts schuldete.

Die Einheit kam nicht von selbst

Einen Automatismus in Richtung Wiedervereinigung gab es nach dem Mauerfall nicht. Die europäischen Freunde winkten ab. Margaret Thatcher in Großbritannien war dagegen, weil Deutschland zu stark werden würde. Der italienische Ministerpräsident Andreotti desgleichen, man liebe Deutschland so sehr, dass man davon zwei behalten wolle. Selbst Erz-Freund Mitterand zögerte, Bundeskanzler Kohl musste ihn mehrere Strandspaziergänge lang überzeugen. Noch nach dem Mauerfall 1989 hatte Mitterand sich mit Modrow in Leipzig getroffen. In dieser Situation waren es wieder die USA, die dafür sorgten, dass der Westen der Welt in die Wiedervereinigung Deutschlands einwilligte. Kohl hatte auch Michail Gorbatschow überzeugen können. Luftbrücke, Marshall-Plan, Sicherheitsgarantie für West-Berlin, Reagans Aufforderung an Gorbatschow, die Mauer einzureißen – das Land hat den USA so viel zu verdanken, dass ein Anti-Amerikanismus, wie in der 68er-Zeit und heute augenscheinlich im Osten Deutschlands bestenfalls eine schlechte Angewohnheit der Deutschen ist.

Wendezeit

Zurück in die Katakomben der Wendezeit: So viel guter Wille bei so vielen Menschen aus West und Ost, Träume, Widersprüche, Zukunftsängste, beschrieben und zusammengefasst in der Broschüre »Kultur im Übergang«, die von mir in diesen Jahren zusammengestellt wurde. Zirka 60 Seiten Anregungen, Vorschläge, Stadtpolitik, Forderungen, Erwartungen, Hoffnungen, auch wenn die viele verloren glaubten. Aber die Aufholjagd musste beginnen. Der schon 1987 erschienene Fotoband von Harald Hauswald beschrieb die Leblosigkeit in der Stadt, vor allem in ihrem östlichen Teil: öde, kalte Wände, aufgesprungener Putz an verfallenen Altbauten, bedrückte, verknitterte Menschen, flüchtige Bedürfnisbefriedigungen bei den wenigen, jetzt »Kaufhalle«, »Konsum«, »HO« genannten Geschäften, kein Chic, kein Luxus, keine Bequemlichkeiten. Daraus eine lebhafte, ausstrahlende, selbstbewusste Stadt aufzubauen in einer noch nicht zusammengefügten Stadtverwaltung mit nicht unerheblichen Resten der Diktaturzeit – ein Gelingen schwer vorstellbar. Hier kann nur ein kleiner Teil der Mühen gezeigt werden, ein Übergang jagte den anderen, floss ineinander; πάντα ῥεῖ (panta rei, »alles fließt«), da half nur, was die BVG ihren heutigen Busfahrgästen empfiehlt: »Hold on tight, during the ride!«

Die Vereinigung beider Stadthälften zu einer Stadt nach 40-jähriger Trennung funktionierte nicht sofort. Der Status quo dieser Spaltung hatte zwei unabhängig voneinander existierende Städte geschaffen. Einen Plan B für den Fall der Wiedervereinigung hatte es nicht gegeben. Daran waren nicht die Bevölkerung und ihre Regierungen schuld, sondern die Drohungen militärischer Gewalt, die die Sowjetunion jeweils gegenüber Reform- und Freiheitsbewegungen anderer Länder in Mittel- und Osteuropa durchgesetzt hatte. Beide Halbstädte hatten sich naturgemäß auseinanderentwickelt, die östliche entsprechend der in der DDR herrschenden Planwirtschaft. Diese stieß 1990 auf die im Westen betriebene Soziale Marktwirtschaft. Beide waren Opfer der Zerstörungen des Zweiten Weltkriegs geworden. Der in jener Zeit entfachte Kalte Krieg machte eine Entwicklung zueinander nicht leichter.

Zurück in die neue Normalität

Die Stadt, wieder vereint, gewann in den Jahren ab 2010 einen Teil ihrer Lebensfähigkeit zurück, musste nicht mehr auf die Wirkung von Wowereits Hilferufen »Arm aber sexy« und »Sparen, bis es quietscht« hoffen.

Kultur in Berlin war nach dem Fall der Mauer erneut gefordert, sie wurde dieses Mal benötigt, um die Einheit der 40 Jahre lang gespaltenen Stadt zu gewährleisten. Es ging um den Erhalt möglichst aller Kultureinrichtungen im Ostteil der Stadt. Ob Friedrichstadtpalast oder Metropol-Theater, ob BE oder Deutsches Theater. Mit Händen und Füßen erwehrte ich mich der Schließungstendenzen, die nach 1990, von wem auch immer, ausgingen. Anfänglich wurde nach Gutsherrenart über die Einrichtungen verfügt, unabhängig von ihrem Renommee. In der so lange geteilten Stadt war Kultur unabhängig von ihrer Rolle in der DDR-Zeit wirkmächtig. Ihre Abwicklung hätte zu weiteren Verwundungen der Stadtseele geführt und die dadurch gesparten Mittel hätten in anderen Etats draufgelegt werden müssen – ein auch ökonomisch sinnloses Unterfangen. Hatte der Slogan »Freiheit durch Kultur« geholfen, die Identität West-Berlins zu sichern, so musste die Kultur nunmehr vor allem für die Einheit der zusammenfindenden Stadthälften sorgen. Die Veranstaltung von Kulturpodien, Kulturmessen, in der »Möwe«, in der Stadtbibliothek und anderen Räumen taten ein Übriges. Auch Potsdam, meine Geburtsstadt, hätte ich gern einbezogen, was schnell scheiterte. Die damals noch DDR-wärts gepolte Stadt wollte im Kulturbereich keine Unterstützung von der westwärts eingestellten Hauptstadt. So musste man sich mit der größeren, interessanteren Aufgabe zugunsten von Ost-Berlin begnügen, das es aber als ehemalige DDR-Hauptstadt schwerer hatte.

Um an die wieder eins gewordene Stadt anzuknüpfen, galt es zunächst, die dortigen Künstler und Kulturleute kennenzulernen. Eine Addition der Potenziale reichte nicht, um beide Stadtpersönlichkeiten zu einer homogenen Stadt zusammenzubringen. Auch der Westteil hatte daran ein vitales Interesse. Er hatte sich durch seine krude Abrisspolitik, z. B. des Sportpalasts selbst eines Stücks Stadtqualität beraubt. Im Ostteil standen vor allem die »Kulturbrauerei« und der »Pfefferberg« als Kulturzentren zur Verfügung. Die Fokussierung auf West-Berlin war zu Ende. Um ein Beispiel des Zusammenlebens anzustoßen, lud ich 1992 mit Angela Merkel (damals Generalsekretärin der CDU) Horst Buchholz, Hans Hendrik Grimmling und Ines Geipel in die »Kulturbrauerei« ein. Darüber hat Geipel kürzlich in der FAZ berichtet, allerdings unter Weglassung meiner Autorschaft. Bei ähnlichen Initiativen war ich jeweils allein, dafür aber unabhängig und künstlernah; eine senatsseitige Unterstützung erfuhr ich nicht. Als ich ein paar Jahre lang Vizepräsident des Abgeordnetenhauses wurde, verfügte ich über einen Fahrdienst und konnte mich damit einem Ost-Berliner Bezirk zuwenden, der nicht unbedingt im Fokus der Öffentlichkeit stand, nämlich Lichtenberg. Durch Vermittlung der späteren Lichtenberger Abgeordneten Danny Freymark und Martin Pätzold lud ich in die Anna-Seghers-Bibliothek bekanntere Wessis wie Rolf Hochhuth, Hans Wall u. a. ein, um mit Lichtenbergern ins Gespräch zu kommen. Dies gelang. Zu meiner Freude erwuchs daraus eine bis heute bestehende Verbindung mit Steglitz-Zehlendorf. Heute spielt Lichtenberg eine wichtige Rolle im Stadtverband.

Mein Ehrgeiz zielte darüber hinaus auch auf die kulturellen Gemeinsamkeiten in dem befreiten Mittel- und Osteuropa. Natürlich war ich als einziger der Aufgabe nicht gewachsen, ein Beispiel: 1992 lud ich zu einer Kulturkonferenz mittelosteuropäischer Metropolen ein, die im Zeughaus stattfand. Es kamen Künstler, Intellektuelle, auch Minister aus Moskau, St. Petersburg, Warschau, Budapest, Prag, Sofia, Bukarest – Wien hielt sich raus. Bei dieser

Konferenz ging es entsprechend dem Kulturpodium-Modell darum, Künstler in ihrer gesellschaftlichen Bedeutung zu stärken, die Schließung von Kultureinrichtungen zu verhindern und den freien Austausch der Kulturen in Europa anzuregen, den Kontinent ein Stück weit an seine Einheit zu gewöhnen. Ohne öffentliche Hilfe, vor allem senatsseitig, konnte und musste ich mich auf Gleichgesinnte und Freunde verlassen. Zu der erwähnten Kulturkonferenz hatte Christoph Stölzl freundlicherweise das Zeughaus als Raum spendiert und die Senatorin Hanna-Renate Laurien gab den ausländischen Teilnehmern am Ende ein Abendessen.

Es kam zu einigen Folgekonferenzen in Moskau und Ungarn — und zu Treffen in Rom, Neapel und Sizilien. Dort wurde mit italienischen Intellektuellen über die kulturpolitischen Wendefolgen für Europa, insbesondere in Italien diskutiert. Von Berliner Seite nahmen die Schriftsteller Joachim Walter, Lutz Rathenow, Ines Geipel und Henrik Broder teil. Wir bemerkten eine Verwurzelung der italienischen Gastgeber in einer von der DDR ausgehenden kulturpolitischen Haltung. Ich hatte dies bereits bei meinen regelmäßigen Kontakten mit dem Goethe-Institut in Rom bemerkt und dort auf die Ost-West Diskussionen in Berlin hingewiesen, auch gegenüber dem römischen Kultur-Referenten.

Heute zeigt sich ein anderes Bild von Berlin: das Wirtschaftswachstum größer als das der Republik, 44 Unternehmensansiedelungen 2023, Start-up-Hauptstadt, 250.000 Studierende, 40 Hochschulen, 200 Museen, drei Opernhäuser und so weiter. Die Stadt wächst und wächst – nicht an Beliebtheit bei aller Faszination. Die neue Zeit beschert Berlin allerdings 520.000 Straftaten pro Jahr und damit Platz 2 im negativen Deutschland-Ranking. Aber eben auch einen unabsehbaren kulturellen Reichtum nicht nur im Bezirk Mitte – im Südwesten neben dem Brücke-Museum das Kunsthaus Dahlem, die Galerie Bastian und das Haus am Waldsee.

Aber wir müssen auch von Verlusten reden. Die Mauer ist weg, wie die Bastille in Paris, komplett, so als hätte es sie nie gegeben. Städtisches Desinteresse und Investoren sorgten dafür, dass auch prominente Teilstücke, z. B. am Potsdamer Platz, ebenso über Nacht verschwanden wie der Wachturm am Checkpoint Charlie. Berlin ohne Narben, eine entstellende Kosmetik.

Noch heute schmerzt der Abriss der beiden Bühnen am Kurfürstendamm, des Kurfürstendammtheaters und der Komödie, beide in den 1920er-Jahren errichtet und mit dem Namen Max Reinhardt verbunden, bestens erhalten, eingerichtet und angenommen. Die klaffende 200 m lange Lücke an diesem Boulevard wird wohl erst *ad calendas graecas* geschlossen werden.

Von ähnlicher Kulturfremdheit zeugt die nach dem Mauerfall erfolgte Schließung des von Rudolf Virchow geschaffenen Museums für Deutsche Volkskunde in Dahlem. Verloren für die Öffentlichkeit somit die vorhandenen Sammlungen in Ost- und West-Berlin. Gar nicht zu reden von den jetzt eingeführten Schließzeiten montags und dienstags für alle Berliner Museen. Die Chance, die durch die Mauer abgebundene Innenstadt qualitativ neu zu bebauen, wurde insgesamt vertan. Der neue Leipziger Platz z. B. ist von preiswürdiger Belanglosigkeit – wäre das nicht der Kollhoff-Tower am Potsdamer Platz.

Was ist von den beiden Halbstädten geblieben? Was haben sie in die europäische Gegenwart eingebracht? Verschwunden ist zwar das Kurfürstendamm-Flair der 1980er-Jahre mit seinen Kinos, Theatern, Cafés und westlichem Lebensstil. Heute hat sich das innerstädtische Leben in die Nebenstraßen verlagert, ohne die verschwundenen Etablissements Rolf Edens, ohne die näselnde Arroganz von Lord Knud aus dem RIAS Berlin. Verschwunden sind Kabaretts wie »Insulaner«, »Reichskabarett«‹, »Bügelbrett« etc. Nur die »Stachelschweine« sind noch übrig. Verloren die »Tribüne« in der Otto-Suhr-Allee, das »Forum«-Theater am Kurfürstendamm, die Schillertheater Werkstatt u. v. a. Cafés, Kneipen, vor allem in Charlottenburg oder Kreuzberg.

Zurückkehrte gelegentlich die Sehnsucht nach der DDR, ihren

kleinen Sicherheiten, ihrer kleinen Arbeitslosigkeit, ihren kleinen Preisen, ihrem Trabant- und Datschen-Konformismus; ausgeblendet: Hungerlöhne, eine marktuntaugliche Wirtschaft, der Polizeistaat, die Stasi, die Fahnenappelle der Schulkinder, nicht zuletzt die Mauer. Diese »Ostalgie« will zwar keine Rückkehr zu den DDR-Verhältnissen, die sie verklärt und für die sie Respekt einfordert. Demokratie, Rechtsstaat, Sozialreformen werden, vermittelt einst durch die PDS, heute durch die AfD schlecht- und kleingeredet. Aber es gab auch Gegenläufiges. Eine Art »Westalgie« mit bösen Witzen, z. B. »Die Mauer sollte wieder gebaut werden, diesmal aber aus Glas, damit die Ossis sehen können, wie die Wessis sich freuen.« Ein böser Zynismus, am besten abhaken.

Es dauerte bis zur sogenannten Zeitenwende, dass die Gewalt von außen nach Europa zurückkehrte, in die Ukraine und nach Israel. Über Jahrzehnte hatte sich die durch die Mauer eingeschnürte Halbstadt ohne Gewaltanwendung und mit Toleranz gegenüber Protesten und Zuwanderern halten und entwickeln können. Bevor ich demgegenüber die Situation während der linken Heimsuchung durch die 68er schönrede, fallen mir persönliche Erlebnisse der 70er- und 80er-Jahre ein, in denen mit Steinwürfen gegen Polizeibeamte argumentiert wurde. Allerdings gibt es keinen Vergleich zu den gewaltsameren Angriffen auf Sicherheit und Rechtsstaatlichkeit heutzutage.

Helmut Kohl

Hier ist nicht der Ort, sein politisches Genie, seine weltpolitische Professionalität zu würdigen. Nach dem Mauerfall kümmerte er sich persönlich um Menschen, die sich Verdienste erworben hatten im Kampf für Menschrechte in der DDR. Sein Herz schlug von Anfang an, anders als bei Konrad Adenauer und Helmut Schmidt, für die im Osten, besonders für die Bürgerrechtler, die für die Freiheit Opfer gebracht hatten. Ihn interessierten ihre Erfahrungen und Charaktere. Deshalb lud er einige von ihnen 1994 in das Kanzleramt in Bonn ein, darunter Bärbel Bohley. Sie schlug eine Stiftung zugunsten kultureller und sozialer Vorhaben in Ostdeutschland vor, finanziert aus Mitteln der SED und Blockparteien. Daraufhin besuchte er Bärbel Bohley in ihrer Wohnung in Prenzlauer Berg. Dieses Treffen mit anderen Bürgerrechtlern hatte sie durch die Aufstellung eines ausladenden Sitzmöbels vorbereitet. Kohl drängte auch bei diesem Treffen auf konkrete Vereinbarungen und übernahm es, mit Verlegern zu sprechen und Ausstellungen und Tagungen zu den Themen Schuld und Aufarbeitung zu veranstalten. Bei einem weiteren Besuch in ihrer Wohnung in Mitte bei Ehrhard und Hildigund Neubert wird die Gründung des »Bürgerbüros zur Aufarbeitung der Folgeschäden der DDR Diktatur« beschlossen. Ferner erhalten die Opferverbände das Recht, in der Normannenstraße, dem ehemaligen Sitz der Stasi, zu bleiben und nicht einem Finanzamt weichen zu müssen. Gründungsmitglieder des Bürgerbüros sind außer dem Bundeskanzler Jürgen Fuchs, Bärbel Bohley, die Neuberts, Wolfgang Templin und der Autor. Helmut Kohl förderte auch den Austausch mit italienischen Intellektuellen. Er hat Spuren hinterlassen, nicht nur in der Weltpolitik.

Russen in Berlin

Was war neu für die Hauptstadt Berlin? Zum Beispiel das Verhältnis zu den Russen. In West-Berlin hatte man sie nicht gekannt, auch nicht vermisst. Denn die Politik der Sowjetunion war weder kooperativ noch freundschaftlich. Es gab ersichtlich nur eine russische Bar in West-Berlin, soweit ich weiß, das Balagan, in der Charlottenburger Waitzstraße. Sie wurde von einem Russen geführt und hatte einen bestimmten berlinischen Kundenkreis. Als die Sowjetunion zerfiel, änderte sich der gegenseitige Umgang. In den 2000er-Jahren war das Verhältnis zwischen Deutschen und Russen besonders eng, ca. 50.000 von ihnen sollen in Berlin und Umgebung gelebt haben und noch leben. Das Verhältnis zwischen beiden Bürgermeistern, Luschkow in Moskau und Diepgen in Berlin, war freundlich, die russische Botschaft lud monatlich zu Kulturveranstaltungen ein. In Moskau wurde in jenen Jahren Leuchtreklame für Berlin, den Kurfürstendamm, das KaDeWe gemacht und es entstand ein sogenanntes Berlin-Haus, in dem das gegenseitige Verhältnis gepflegt werden sollte. In Berlin eröffneten russische Theater und Clubs, an manchen Häusern wurden von der KPM gefertigte Tafeln angebracht, die an berühmte russische Schriftstellerinnen und Schriftsteller erinnern. Manche Russen galten als reich, erwarben Grundbesitz im Grunewald. Ähnlich wie in den 20er-Jahren des vergangenen Jahrhunderts konzentrierten sich die Russen auf den Westteil Berlins. Nach dem russischen Überfall auf die Ukraine strebten viele von ihnen nach Berlin, vor allem die in Russland malträtierten Künstler, Intellektuellen und Menschenrechtler. Das jetzige Miteinander ist schwer einzuschätzen, zumal viele von ihnen befürchten, von Moskau aus beobachtet zu werden. Man vermeidet Fragen, Kontakte, im Bus wird russisch, wenn überhaupt, gedämpft gesprochen. Das deutsch-russische Verhältnis ist leer, entfremdet, ähnelt dem nach der russischen Revolution 1918.[25]

Neue Gefahren

Heute ist die glücklich vereinte Stadt von neuen Gefahren bedroht. Auf Rezepte der Vergangenheit als West-Berliner Halbstadt kann sie nicht zurückgreifen. Trotz Krieg, Diktatur und 40-jähriger Spaltung hatte sie sich den politischen Herausforderungen nicht gefügt, mit Stadtkultur reagiert, mit Geist und Witz. Zuwanderer aus der Türkei, Polen und demonstrierende Studenten wurden mit Toleranz am Ende integriert.

---

25 Vgl. Uwe Lehmann-Brauns: Zwischen den Fronten, Bebra Verlag, Berlin 2022; zu meiner Reise 1988 nach Moskau, Leningrad und Riga auf Einladung der sowjetischen Agentur Nowosty vgl. mein Buch »Die verschmähte Nation« (Verlag Hohenheim, Stuttgart/Leipzig/Hohenheim 2005)

Die Herausforderungen an eine freie Gesellschaft sind heute riskanter. Damals war es schwierig, den spaltenden Status quo als Ergebnis des von den Nazis angestoßenen, verlorenen Weltkriegs auszuhalten. Beide Stadthälften hatten aber gelernt, jede Form von brauner Nostalgie und Antisemitismus zu ächten. NS-Verbrechen wurden in beiden Stadthälften öffentlich gemacht, durch Gesetz, Verfassung, Mahn-/Denkmale, dafür steht letztlich das Mahnmal für die ermordeten Juden in der Mitte der Stadt. Aversionen gegen jüdische Mitbürger waren unbekannt.

West-Berlin war während des Kalten Kriegs abhängig von den Strategien der Weltmächte, die sich für West-Berlin auf den Status quo verständigt hatten. Eine vergleichbare Verständigung gibt es in der heutigen Situation verunsicherter Großmächte nicht. Denn Gewaltlosigkeit und Toleranz gelten jetzt wenig gegenüber der aus der islamischen Welt stammenden Dynamik, vermögen nichts gegenüber internationalem Extremismus von links und rechts. Die Zuwanderung in die gespaltene Stadt durch Türken oder Polen berührte ein Selbstbewusstsein, das durch Toleranz gegenüber den zuwandernden Menschen, die in der Stadt eine neue Heimat suchten, gekennzeichnet war. Nie kam es zu gewaltsamen Auseinandersetzungen und Kämpfen um das Bruttosozialprodukt. Die Situation heute ist schwieriger. Die Türken brachten damals ihre Arbeitskraft, ihre wohlschmeckende Küche, ihre naturnahen Geschäfte ein und ihre Friedlichkeit mit. Manche traten einer hiesigen Partei bei, heute gründen sie eine türkische Partei. Die Stadt hat es mit immer mehr zur Gewalt bereiten Fremden zu tun, ob mit oder ohne deutschen Pass, vor allem mit Zuwanderern aus der islamischen Welt, einer wahrnehmbaren Macht, die ihre Wut gegen den Lauf der Weltgeschichte nicht nur auf Demos zeigt, sondern wie in der Silvesternacht 2022/23 Gewalt und Terror gegen Polizei und Feuerwehr im Einsatz ausdrückt. Beunruhigend die Einschätzung der Deutschen Journalistenunion vom 18. April 2024 anlässlich des aktuellen Palästina-Kongresses. Dieser sei gegenüber berichtenden Journalisten von Bedrohungen, Einschüchterungen, Beleidigungen, Demütigungen gekennzeichnet gewesen.[26] An den Berliner Universitäten versuchen sich heutzutage ohne Furcht vor Exmatrikulation vor allem Studenten aus den islamischen Ländern durch Gewalt und Brüllerei, Einfluss zu verschaffen. Dies geht einher mit einem »Geltungsverlust der Demokratie und ihres liberalen Wertefundaments, kein allein deutsches, sondern ein europäisches, ja ein globales Phänomen«.[27]

An die gute alte Toleranz zu West-Berliner Zeiten erinnert immerhin die Integration von ca. 100.000 Ukrainern, die in der Stadt leben und fast unsichtbar auf dem Weg sind, Deutsch zu lernen.

26   FAZ vom 18. April 2024, Seite 13
27   Martin Sabrow im Tagesspiegel vom 10. März 2024

BERLIN UNTER SICH

Berliner Schnoddrigkeit

Dieser Bericht sollte nicht enden, ohne die unsterbliche Berliner »Schnoddrigkeit« zu erwähnen. Sie trifft nicht nur Fremde, sondern auch Einheimische. Man darf sich durch den holzigen Umgang nicht abschrecken lassen, er verdeckt oft Unwissenheit und Denkfaulheit, hat auch positive Seiten. Denn er spart Lebenszeit, färbt nichts schön, was es nicht verdient, hält nicht lange vor. Schon bei Kurt Tucholsky wird berichtet, die Berliner hätten alle keine Zeit. »Verworren« ist dieses Verhalten nicht, wie die Journalistin Susanne Schmidt urteilt. Dieser Jargon tritt angesichts der Internationalisierung und Globalisierung der Stadt zunehmend in den Hintergrund. Er ist ja kein Dialekt, sondern eine Ausdrucksweise mit vielen französischen und jüdischen Sprachelementen. Es wäre schade, wenn sie verschwände. Wer den Jargon sucht, mag bei Klemke in der Mommsenstraße zu Mittag essen oder bei Rogacki in der Wilmersdorfer Straße Fisch kaufen, jeweils in Charlottenburg.

Die Schnoddrigkeit macht Berlin nicht beliebter. Berliner gelten, ob in Ost oder West, als nüchtern, belehrend, schlagfertig (großmäulig?), direkt, unromantisch, amerikanisiert (im Westen), undeutsch, preußisch. Fröhlichkeit muss importiert werden. So geschehen Anfang der 1990er, als Adriano Celentano mit seinem Live-Auftritt und dem Song »Il ragazzo della Via Gluck« mehrere Tausend zum Mitsingen und Jubeln brachte. Kann über YouTube nachempfunden werden. Ihre mangelnde Sympathie mit der Stadt drückten zwei Drittel der Brandenburger in einer Volksabstimmung 1996 aus, als sie eine Vereinigung mit Berlin ablehnten, soweit das Berliner Umland. Die Antipathie gegen Berlin hatte sich Anfang der 1990er-Jahre vor allem in der Rhein-Gegend gezeigt. Es ist erstaunlich, welche Äußerungen gegen Berlin fielen, als es um die Hauptstadt-Entscheidung ging. Die Bonn-Befürworter versammelten sich in dem Band »Bonn, Sinnbild deutscher Demokratie« (Bonn, 1990). Noch heute ist verwunderlich, welche Persönlichkeiten sich gegen Berlin aussprachen: Golo Mann etwa, Michael Stürmer, Norbert Blüm, Peter Glotz – die beiden letzteren hatten Jahre in West-Berlin als Senatoren verbracht. Die Hauptstadtfrage wurde 1991 knapp für Berlin entschieden. Die zum Teil abwegigen Gegenargumente können heute noch nachgelesen und kalt genossen werden, ebenso wie der Anspruch Münchens, mit 33 % Ausländeranteil läge es deutlich vor Berlin. Wesentlicher vielleicht eine aktuelle Anmerkung: »Berlin macht sich womöglich noch immer Illusionen über seinen Ruf im restlichen Land.«[28]

»Ich kam aus Südwestdeutschland, da geht man viel herzlicher und liebevoller miteinander um. In Berlin gibt es vor allem Gemecker. Das höchste Lob lautet deshalb auch: Da kann man nicht meckern«, so Christiane Rösinger, in ihrer »Liebeserklärung an Berlin, an das dreckige, das unvollkommene, unfreundliche – das gibt einem auch die Freiheit, unbehelligt leben zu können«.[29]

Wäre da nicht Mario Barth, der u. a. mit Erfolg den Berliner Jargon über die gesamte Republik verteilt, wären da nicht die bodenständigen Handwerker, Marktfrauen und fliegenden Händler, gäbe es keine Garantie für das Überleben dieser bei Fontane so lebensnah geschilderten Ausdrucksweise. Ob es einen Unterschied des Jargons bei der Ost- und der West-Berliner Bevölkerung gibt, ist Erkenntnisziel eines Forschungsauftrags der Freien Universität, der eben vergeben wurde. »Wer den Jargon plappert«, so Theodor W. Adorno, »auf den kann man sich verlassen; man trägt ihn im

28 Matthias Alexander in der FAZ vom 26. Juli 2024
29 FAZ vom 08. März 2024

Knopfloch anstelle derzeit nicht reputabler Parteiabzeichen. Der pure Ton trieft von Positivität, ohne dass er dazu sich herablassen müsste, für allzu Vorbelastetes zu plädieren.«

Genug von Berlin! Ich denke wieder an Paris, an Anne Hidalgo, die Bürgermeisterin. Sie macht keinen einfachen Job, Ihre Schwierigkeiten sind denen Berlins vergleichbar (Islamismus, Bauernproteste ...)[30]. Olympische Spiele in Paris zu organisieren ist keine leichte Aufgabe. Aber ich denke an Paris, seine Ausstrahlung, diese elegante, anziehende europäische Metropole, ihr Savoir-vivre. Wir benötigen Paris privat und politisch, um unserem europäischen Selbstbewusstsein aufzuhelfen, die Wucht aus dem Osten auszuhalten. In knapp neun Stunden trägt uns heute die österreichische Bahn zum Gare de l'Est. Was für ein Unterschied zur West-Berliner Zeit, aus der wir kommen! Adieu Paname, vive l'Europe!

Landespolitik

Um die Berliner Landespolitik, der ich 34 Jahre lang als Abgeordneter angehörte, mache ich einen Bogen. Sie verlief höhepunktlos, mit einigen Ausnahmen, bürgerlich, zum Schluss rot-grün. Nach dem von Ernst Reuter verantworteten Senat hatten sich unter dem seines Nachfolgers Willy Brandt hervorragende Menschen versammelt wie Karl Schiller, Adolf Arndt und Joachim Lipschitz. Seit die Sozialdemokratie aber die von Egon Bahr konstruierte Friedenspolitik verfolgte, die die Wiedervereinigung für erledigt hielt, versuchte eine rot-grüne parlamentarische Mehrheit auch in West-Berlin noch im Juni 1989 auf die Wiedervereinigung und Berlin als deutsche Hauptstadt zu verzichten, allen voran die hochgelobte Hilde Schramm. Verantwortlich der kurzzeitige Regierende Bürgermeister Walter Momper, der die erlösten Berliner beim Fall der Mauer nicht verstand, sich dem aber fügte.

---

30 Vgl. Niklas Bender in der FAZ vom 21. März 2024

Der Fall der Mauer konterkarierte seine und ihre Politik gegenüber der Wiedervereinigung, die für den Schriftsteller Jürgen Fuchs von einem »verlogenen Frieden« getragen wurde.[31] Die AL (Alternative Liste), 1989/90 noch Regierungspartei, hielt noch nach dem Mauerfall die Wiedervereinigung für ein »reaktionäres Projekt«. Sie und Momper hatten auf eine Reform der die DDR beherrschenden SED gesetzt. Am Tag nach dem Mauerfall versammelte sich am Schöneberger Rathaus vor Willy Brandt, Helmut Kohl, Jürgen Wohlrabe ein linker, pfeifender und johlender Pöbel, der auf seine Weise den Mauerfall begrüßte. Offensichtlich gönnten sie den Berlinern in Ost und West nicht die Freude über die wiedergewonnene Freiheit. Noch im Mai 1990 sprach sich die heutige Staatsministerin für Kultur Claudia Roth auf einer Versammlung gegen die Wiedervereinigung aus, die ihr nichts bedeutete.

Zutreffend wird im Deutschland-Archiv 2011 gefordert, diese zum Teil rüde Anpassungspolitik durch Anbiederung an die Strategien der Sowjetunion zum Gegenstand einer Untersuchung zu machen. Dass diese Untersuchung seit fast 30 Jahren unterblieben ist, wird darauf zurückzuführen sein, dass manche ihrer Befürworter noch heute politisch aktiv sind, vor allem bei Grünen und Sozialdemokraten. Eine Untersuchung und die Umkehr der von Egon Bahr betriebenen Ostpolitik fordert heute zu Recht eine Gruppe von Historikern um Heinrich August Winkler in einem Brandbrief an die SPD.[32]

In den 1980er-Jahren hatte es für die CDU einen Höhepunkt gegeben, als Richard von Weizsäcker den Senat mit ausgewiesenen Persönlichkeiten wie Hanna-Renate Laurien, Norbert Blüm, Ulf Fink, Wilhelm Kewenig, Rupert Scholz führte. Dieser Senat wurde von Eberhard Diepgen als seinem Nachfolger übernommen.

---

31   Jürgen Fuchs: Einmischung in eigene Angelegenheiten. Rowohlt Verlag, Hamburg 1984
32   FAZ vom 28. März 2024; dieselbe Forderung habe ich in dem Buch »Wandel durch Anbiederung« bereits 2020 erhoben und begründet

West-Berlin – Erinnerungen

Am Schluss noch einige aktuelle Wahrnehmungen von willkürlich befragten Gästen eines Charlottenburger Cafés in der Mommsenstraße 4. Auf die Frage »Was fällt Ihnen zu West-Berlin ein?«

- eine ältere Frau mit glücklichem Lächeln: »Damals war ich jung«;
- ein älterer Mann: »Das KaDeWe«;
- dto. mit polnischem Hintergrund: »Eine interessante Stadt, Teil der Freien Welt, viel Kultur, Toleranz und die Mauer. Polen würden nicht in Ost-, sondern nur in West-Berlin leben«;
- ein junger Mann: Ihm fällt spontan nichts ein;
- ein anderer Jüngerer: »Tolerantes Leben, Mischung zwischen Jung und Alt, wie hier in Charlottenburg«;
- ein anderer Mann: »Leben wie in einem Safe, beschützt durch die Alliierten«;
- ein mittelalter Mann: »Grenze, Freiheit«;
- und der Autor selbst: »Auch ich war damals jung, wir fühlten uns frei, versagten uns wenig oder nichts, lebten und liebten in der kleinen Welt von Charlottenburg und Kreuzberg. Wartezeiten an der sogenannten DDR-Grenze in Kauf zu nehmen erinnerte uns an die Pflicht, diese abzuschaffen. Der Fall der Mauer wurde zum schönsten Tag meines Lebens. Noch immer genießen wir, Teil des freien Europa zu sein.«

OST-BERLIN VOR DER WENDE

Das Leben in Ost-Berlin war mit dem im Westen nicht zu vergleichen. Die Menschen dort mussten 40 Jahre lang eine Diktatur aushalten, durchhalten, sich wehren, sich anpassen, um für ein selbstbestimmtes Eigenleben zu sorgen. Ost-Berlin war mehr als die kleinere Schwester West-Berlins. Wir gehörten trotz allem unausgesprochen zusammen, es gab keine Eifersüchteleien. Veränderungen dort und hier wurden beiderseits beobachtet. Während der 750-Jahr-Feier Berlins gab es einen kollegialen Austausch. Die in West-Berlin aufbewahrten Schinkel-Figuren kehrten auf die Schlossbrücke zurück und Friedrich der Große fand seinen Platz wieder unter den Linden. Ein Besuch in Ost-Berlin kostete damals 25 DM, bis Mitternacht musste man die Stadt verlassen haben, nach Absolvierung der teils menschenunwürdigen Pass- und Zollformalitäten.

Wegen meiner vielfältigen Besuche »drüben« bekam ich mit, wie man sich in den unwirtlichen Städten der DDR, in Berlin, Leipzig oder Dresden bewegen und zurechtfinden konnte. Man ging nicht essen mangels adäquater Angebote, man besuchte kein Café wegen dito, wohl aber die Theater, die Oper. Man ging zu Freunden nach Hause, fand in deren vier Wänden eine private, unbeobachtete, gepflegte Wohnung vor, sei es im 9. Stock eines »Kachelsargs« oder in der Altbauwohnung eines ungepflegten, tropfnassen Gründerzeithauses.

Die intellektuell interessierten Bewohner hatten jeweils viel Mühe und Geschmack auf die Ausstattung verwandt, viele Bücher, Grafiken gesammelt, alte Möbel besorgt, die Wände weiß getüncht. Bei allen war das West-Fernsehen der Mittelpunkt, bei einfacheren Gemütern umgeben von riesigen Schrankwänden mit einer einzigen für Bücher bestimmten Reihe, bauschigen Sesseln – alles tipptopp, die deutschen Sekundärtugenden waren unverkennbar. Der Unterschied zwischen Wohnung und Straße war ebenso drastisch wie sich der graue vergammelte Alltag von der optimistischen Staatsreklame unterschied.

Kalte Krieger

Dieses Schmähwort galt für solche West-Berliner, die sich weigerten, Ost-Berlin zu betreten, mit der Begründung, sie lehnten die dortige Diktatur ab und weigerten sich, sie durch ihre Besuche aufzuwerten. Im Grunde eine leere Ausrede für Faulheit, Eitelkeit und Selbstüberschätzung, maskiert mit einer Antipathie für die in Ost-Berlin herrschende Diktatur.

Kaum einer in West-Berlin mochte die Diktatur drüben, versuchte den Menschen aber durch Informationen und Geschenke nahe zu bleiben. Kalte Krieger verlängerten mit ihrer Weigerung, sich in die gespaltene Stadt einzubringen, deren Spaltung. Ihre Zahl war zum Glück geringer als die der West-Berliner, die zu Feiertagen mit Päckchen, Blumen und Besuchen ihre Verbundenheit mit denen in Ost-Berlin bewiesen.

Einer jener Spezies Kalter Krieger war der schriftstellernde Chronist Hans Scholz. Er warf von der Westseite aus einen verzerrten Blick durch die Mauer:

Fenster, Türen, Ladengeschäfte zugemauert, Simse, Giebel und Dächer verdrahtet, die Bewohner evakuiert, da und dort ein bescheidener Balkon, wo verdorbene Blumen, ein Markisenrest von vormaliger Mieterbehaglichkeit Kunde geben. Auf dem leblosen Bürgersteig die Totenmale derer aufgereiht, die bei Sprüngen von Dächern und Fensterbrettern die Sprungtücher verfehlt hatten oder sonst zu Tode gesprungen waren.[33]

Hans Scholz, geboren 1911, war natürlich mehr als ein Kalter Krieger. Der Schriftsteller war unter anderem Fontane-Preisträger im Jahr 1955 für das von ihm verfassste Buch »Am grünen Strand der Spree« und schrieb 1969 den Doppelband »Berlin, jetzt freue Dich!«. Seine Berichte und Schriften werden heute vielleicht, aus der Kälte des Abstands, als zu pläsierlich empfunden.

Jene Einsichten eines Kalten Kriegers gaben das Lebensgefühl der Ost-Berliner ebenso wenig wieder wie die gespielte Normalität des Films »Sonnenallee«. Sie hatten sich mit Ausnahme der Systemträger dieses Ambiente nicht ausgesucht. Der Westen der Stadt war übrigens den Herrschenden in Ost-Berlin, von einer bestimmten Hierarchiestufe an aufwärts, durchaus zugänglich. Vor allem das KaDeWe in seiner Anonymität mit seinen unendlichen Angeboten hatte es ihnen angetan. Aber offensichtlich waren ihre Mittel beschränkt. So wurde die Ehefrau Karl Eduard von Schnitzlers, nach heutiger Terminologie ein laizistischer Hassprediger, beim Klauen in einem Geschäft in der Zoo-Gegend erwischt. Solche Ausflüge waren der großen Mehrheit der Ost-Berliner vor dem Mauerfall verwehrt. Die Mauer staute ihre Bedürfnisse und regte sie zugleich an. Leicht privilegiert gegenüber dem gelegentlich herablassend als »Zone« bezeichneten Hinterland genossen Ost-Berliner bei den Gütern des täglichen Bedarfs eine bessere Versorgung als jene, ein Hauptstadt-Bonus innerhalb der vollbeschäftigten Mangelwirtschaft.

Es gab andere Haltungen. Ich kann nur meinen Freundeskreis erwähnen, z. B. den späteren Althistoriker Wolfgang Schuller und den Bundestagsabgeordneten Karl-Georg Wellmann, auch er damals Student, für weitere fehlt mir die Übersicht. Wir ignorierten die deutsche Spaltung und hielten es für die politische Pflicht, Menschen in der DDR zu treffen, Bindungen zu schaffen, Land und Leute kennen zu lernen.

---

33   Spiegel vom 26. Dezember 1961

Aus Ost-Berliner Westblick, Hauptstadt-Magnetismus und Versorgungsvorsprung ergab sich eine unruhige, scheinbar prärevolutionäre Stimmung, die Ost-Berlin von der mangels West-Berührung abgenabelten Provinz unterschied. Eben darin täuschten sich die Beobachter. Als die Mauer fiel, waren es eben nicht die Ost-Berliner, die die 28 Jahre lang entbehrte Einheit ihrer Stadt zurückforderten. Der Ruf nach Einheit kam aus der ausgeblendeten Provinz, aus Leipzig, Halle, Erfurt, Plauen etc. als Abgesang auf die kaputte, quälende DDR. Ost-Berliner dagegen, durchwirkt von vielen Gysis, Wolfs (Markus, Christa ...) und anderen mehr oder weniger verstrickten Intellektuellen ließen nur langsam ab von der DDR, wenn diese auch milder gewünscht wurde. Diese Haltung hat das Zusammenwachsen nach der Wende nicht leichter gemacht.

Der Fall der Mauer am 9. November 1989 verursachte beiderseits große und tränenreiche Freude. Von diesem Moment an verloren beide Halbstädte ihren politischen Status. Berlin war wieder komplett. Die Stadt- und Weltgeschichte schlug ein neues Kapitel auf, kein unbedingt fröhliches. Aber die Stadt ist wieder zusammen, Ost und West spielen keine Rolle mehr, die Größe der Stadt entzieht sich zunehmend ganzheitlicher Beurteilung.

Mangelware 1988

Heute längst vergessen, damals notiert:

1. Bevorzugung von Parteigenossen. Sie haben es leichter.
   Im Raum Dresden haben sie das Recht, Sonderverkäufe von Delikaterzeugnissen zu Billigpreisen zu erwerben – im Gästehaus des Rats des Bezirks. Zur Privilegierung der Genossen gehören auch Geschenke, die am 07.10., Tag der Republik, verteilt wurden.

2. Ärger macht der Preis für den neuen Wartburg mit VW-Motor.
   Auf der Leipziger Messe soll das ausgestellte Modell mit Far-

be beworfen worden sein, wegen des Kaufpreises von 28.500 Mark. Nach der Preiserhöhung von 6.000 Mark ist er für ein mittelverdienendes Ehepaar kaum aufzubringen. Kredite über Banken gibt es nicht.

3. Bei aller Freude über die Liberalisierung der Besuchsreisepraxis bleibt für diejenigen, die reisen dürfen, die Demütigung, im »Westen« nur 15,00 DM zu besitzen und auf das Begrüßungsgeld angewiesen zu sein. Hier sollte die DDR zu einer mindestens begrenzten Konvertibilität ihrer Währung bereit sein.

4. Katastrophal sind die Verhältnisse in den Schulen. Abgesehen von der Lehrerknappheit müssen die Eltern die Klassenräume säubern, weil Personal dafür nicht vorhanden ist. Alternative: Die Klassenräume bleiben schmutzig.

5. Der Mangel an Telefonen. Die wenigsten DDR-Bewohner verfügen über einen Anschluss. Diejenigen, die darüber verfügen, haben nicht die Möglichkeit, im Direktwählverkehr in den Westen zu kommen. Nur von Ost-Berlin aus nach West-Berlin oder von Potsdam nach West-Berlin ist dies möglich. Im Übrigen gibt es stundenlange Wartezeiten bei dringenden Gesprächen. Bei normalen Gesprächen kann das Zustandekommen der Verbindung einen Tag dauern.

6. Die ärztliche Betreuung ist schlimm. Es gibt zu wenige Ärzte. Die Wartezeiten für operative Eingriffe sind lang, die Wartezeit in Wartezimmern liegt erheblich über der im Westen.

7. Westpolitikerreisen sollten nicht nur nach Ost-Berlin oder Dresden führen, sondern in die Provinz – um die dortigen spezifischen Mängel kennenzulernen, insbesondere Versorgungsmängel, auch Knappheit an Druckerzeugnissen. Selbst

das Neue Deutschland ist in kleinen Orten nur in drei bis vier Exemplaren vorhanden.

8. Die DDR-Bewohner leiden unter schleichender Preiserhöhung für Güter des gehobenen Bedarfs, zum Beispiel Sekt. Sie wandern von den Konsumläden oder HO-Geschäften in die Delikatläden. Eine Flasche Sekt kostet zwischen 21,00 und 59,00 Mark, ein Glas Gurken 7,50 Mark, eine Büchse Ananas 14,00 bis 16,00 Mark, ein Glas Spargel 18,00 Mark. Angesichts eines durchschnittlichen Einkommens einer Verkäuferin oder Sekretärin von 500 bis 600 Mark sind das unerschwingliche Preise.

9. Ein eklatanter Versorgungsmangel liegt im Bereich von Obst, Gemüse und frischem Fisch vor. Ein Blick in die leeren Geschäfte, vor allem in der Provinz, beweist dies.

10. Auffällig für die innere Resignation der Bevölkerung ist die Tatsache, dass die Beflaggung in der DDR am 07. Oktober – dem Tag der Staatsgründung – offensichtlich zu wünschen übrig ließ. Mit Ausnahme von offiziellen Gebäuden haben selbst Parteimitglieder ihre Fahne nicht mehr herausgehängt.

In der Ständigen Vertretung

Die Mauer hatte mehr oder weniger verhindert, dass die im Westteil der Stadt Lebenden einen stetigen Eindruck vom Lebensgefühl der Ost-Berliner bekamen, auch wenn es begrenzte Besuchsmöglichkeiten gab.

Umgekehrt war das Bedürfnis der Ost-Berliner, den Westteil zu besuchen, durch Mauer, Verbote, Strafen fast unmöglich. Deshalb ergriffen diese gern die Gelegenheit zu Westkontakten. Diese boten sich in der sogenannten Ständigen Vertretung (StäV). Was heute eine beliebte Kneipe am Schiffbauerdamm in Berlin-Mitte ist, war seit Mitte 1972 bis nach dem Fall der Mauer die diplomatische Niederlassung der Bundesrepublik Deutschland in der Hannoverschen Straße. Sie durfte sich nicht Botschaft nennen, weil man die DDR nicht als Ausland anerkennen wollte. Die Ständige Vertretung wurde rund um die Uhr von der DDR überwacht und DDR-Bürger, die sie besuchen wollten, wurden kontrolliert und abgewiesen. Nur an zwei Tagen gab es für alle freien und unkontrollierten Zutritt, und zwar am Tag des Grundgesetzes und an einem Kulturabend. Somit ergab sich die Möglichkeit von Ost-/ West-Kontakten an diesen bestbesuchten Abenden. Gäste waren vor allem Leute aus dem Kulturbetrieb, einzelne Bonzen und viele unangepasste DDR-Bewohner. Im Folgenden schildere ich Begegnungen vor allem mit Schriftstellern, Schauspielern, Filmleuten, einzelnen DDR-Funktionsträgern. Manche sind noch heute aktiv bzw. bekannt.

Fragen und Antworten – vor dem Mauerfall

Die in den Räumen der Ständigen Vertretung zusammengedrückte DDR-Gesellschaft zeigte sich divers. Es erschienen u.a. DDR-Honoratioren wie der stellvertretende Kulturminister Klaus Höpcke, zugleich oberster Zensor der DDR in Sachen Literatur. Er sprach von dem »Volk der DDR« und dem der »BRD«, wogegen ich mich verwahrte. Seine feige Reaktion: Er sage manches nur, um Widerspruch zu provozieren. Im Jahr 2002, d. h. nach dem Fall der Mauer, drückte er mir seine Visitenkarte in die Hand, die wie folgt lautete: »Klaus Höpcke, Journalist, 1972 bis 1989 Stellvertretender Minister für Kultur der DDR, 1990 bis 1999 Abgeordneter des Thüringer Landtages, Wilhelm-Pieck-Straße (zurzeit: Torstraße) 223«. Makaber, dass und wie sich dieser ehemalige DDR-Zensurminister heute die DDR zurückwünschte.

Ernsthafter wirkte Karl Seidel, Leiter der Abteilung BRD im Außenministerium, der, wie es hieß, die Strategie der DDR auch gegenüber West-Berlin entwickelte oder koordinierte. Ein mittelgroßer, überarbeitet wirkender, nicht unfreundlicher Mann, dem ich vorgestellt wurde. Seidel äußerte Verständnis für meine Enttäuschung über den Abbruch von Kontakten zu West-Berlin, rechnete aber nach einer gewissen Schonfrist mit der Wiederaufnahme. Gab sich 1987(!) als Befürworter von Gorbatschows Kurs zu erkennen, wenngleich man nicht alles kopieren könne. Ich registrierte, dass er zu mir, dem Klassenfeind, zweimal bemerkte: »Unter uns gesagt ...«.

Zu den erfreulichsten Menschen, die ich in der StäV kennenlernte, gehörte Prof. Dr. Heinz Werner, Direktor der Berliner Stadtbibliothek. Ich näherte mich ihm mit der provozierenden Frage, was er tue, wenn Bibliotheksbesucher Bücher ausleihen wollten, die auf dem DDR-Index standen. Seine Antwort werde ich nicht vergessen: »Wissen Sie«, erwiderte er, »wir haben dieselben Ausleihbedingungen wie in der Zeit des Nationalsozialismus, d. h. Ausleihe bestimmter Bücher nur bei Nachweis beruflichen Bedarfs. Da muss sich aber einer schon besonders dumm anstellen, wenn er diesen Nachweis nicht erbringt.« Diese Antwort hätte ihm einiges an Nachteilen einbringen können.

Ich lernte auch kurz den Schriftsteller Günter de Bruyn kennen, einen spacken Herrn im DDR-Cordanzug, der auf meine Frage antwortete, er schreibe immer an etwas, schreibe aber sehr langsam. Eine menschliche Ausnahmeerscheinung insofern, als er nach der Wende seine kurzfristige Tätigkeit für das MfS öffentlich machte und seine Scham darüber.

Herbert Hampe, Direktor des Märkischen Museums, erzählte, dass 80 Prozent der alten Museumsbestände durch den Krieg hindurch gerettet werden konnten. Vieles sei ausgelagert gewesen in Lübbenau, Schlesien, Friedland. Mit dem West-Berliner Berlin Museum gebe es einen Schriftenaustausch. Ich bot ihm als Leihgabe ein Berlinmotiv meines Großvaters, des Malers Paul Lehmann-Brauns, an. Er war von dem Bild angetan, meldete sich aber nicht mehr. Als ich ihn nach 1989 fragte, wieso, bekannte er, er hätte die Leihgabe für das Märkische Museum meiner Herkunft wegen –

West-Berlin, CDU-Abgeordneter – auf höhere Weisung nicht annehmen dürfen.

Hans Otto Bräutigam – Makler ohne Programm

Leiter der Ständigen Vertretung war lange Zeit Hans Otto Bräutigam, noch vor der Wende deutscher Botschafter bei der UNO in New York, später Minister bei Stolpe. Ich traf ihn Ende der 80er-Jahre mehrfach. Dabei erzählte Bräutigam, dass sich Honecker im Politbüro die Deutschlandpolitik vorbehalten habe. Der abgesetzte Häber habe keinen Nachfolger erhalten, insbesondere nicht Axen. Was die Situation Berlins angehe, behielte sich die Sowjetunion alles vor, und zwar bis hinters Komma. Er hält Wolfang Vogels politische Hochzeit als Emissär zwischen Honecker und der Bundesrepublik für passé, wenngleich Vogel die Möglichkeit habe, bei Honecker direkt vorzusprechen. Kulturpolitisch unangenehm sei die Leiterin der Kulturabteilung im ZK, eine Frau Ragwitz, ehemalige Klavierlehrerin, die mit einem Komponisten verheiratet sei. Dagegen sei Kulturminister Hoffmann vergleichsweise harmlos, werde aber bald abgelöst.

Als ich ihm vorhalte, dass bei den Empfängen der StäV in Ost-Berlin zu viele Beamte aus dem Westen eingeladen würden und zu wenige interessante Leute aus Kultur und Szene West-Berlins, wird Bräutigam steif. Der Tag des Grundgesetzes habe nicht den Sinn, Begegnungen mit West-Berlinern zu ermöglichen. Es handele sich um einen Empfang in Richtung auf die DDR. Immerhin seien zwei Minister da. Als ich vor mich hin murmele, ich wolle mit ihm nicht über den Sinn solcher Empfänge streiten, wird er eisig. »Hat mich gefreut«, sagt er beim Abschied. Immerhin gelingt es mir, mit einer seiner Beamtinnen die Gästeliste durchzugehen und ein paar West-Berliner Namen unterzubringen, die auf diese Empfänge gehören. Im Oktober 1989 treffe ich ihn in New York, wo er mich zum Essen einlädt. Er spricht sich gegen die Wiedervereinigung aus, erklärt aber resigniert: »Sie wird kommen, fürchte ich.«

Begegnungen mit Intellektuellen

Ende 1984 lerne ich Stephan Hermlin kennen. Er interessiert mich wegen seines bürgerlichen Outfits: Pfeife, behagliche Kleidung. Gibt sich zunächst kalt und arrogant. Den DDR-Befürworter Hermann Kant, einen ehemaligen Hamburger, nennt er seinen Freund. Während unseres Gesprächs erwähnt er die »rechte« Fraktion des Berliner Schriftstellerverbandes. Es fällt der Name von Jürgen Fuchs. Solche Leute hätten auch »fortschrittliche« Schriftsteller wie Bernt Engelmann attackiert. Er beruft sich wegen einer Absage des Schriftstellertreffens auf den westdeutschen Dichter Peter Rühmkorf. Seine, Hermlins, politische Möglichkeiten würden immer überschätzt. Er habe sich nie bemüht, an den Staat Politik heranzutragen, sondern sich auf Empfehlungen zugunsten einzelner Personen beschränkt. Er verbiete es sich grundsätzlich, seinem Gegenüber unwillkommene Fragen zu stellen, die diesen zu unwillkommenen Antworten nötigten. Ein Franzose tritt zu uns, mit dem er fließend Französisch spricht. Dann sagt er: »Ich habe Paris früher mehr goutiert, heute kann man da ja nicht mehr richtig flanieren, zu viele Menschen.« Er sei seit 15 Jahren nicht mehr in Afrika gewesen. Afrika habe ihn allerdings ebenso wenig wie Südamerika inspiriert. Er bevorzuge Zentraleuropa, Salzburg, überhaupt das alte Europa, er sei immer ein konservativer Kommunist gewesen.

Hermlin gehörte zu den bekannteren intellektuellen Systemträgern der DDR. Reiner Kunze erzählt mir Mitte der 90er-Jahre, dass Hermlin ihn in den 80ern – beide waren Mitglieder der Akademie der Künste in West-Berlin – ostentativ geschnitten habe. Offenbar wollte er unwillkommene Fragen und Antworten vermeiden.

Zu den angenehmen Begegnungen gehört die mit Monika Maron, die ich 1983 kennengelernt und nach der Wende zu ihrer Ansicht zu einem Schriftstellertreffen in der West-Berliner Akademie der Künste gefragt hatte. Sie zuckte mit den Schultern:

»Große Show«, sagte sie, da stecke nichts dahinter. Als ich sie im folgenden Jahr treffe, kündige ich an, dass ich sie und andere Ost-Berliner Schriftsteller in der kommenden Kulturdebatte im Abgeordnetenhaus erwähnen wolle. Sie erklärt sich unter der Voraussetzung einverstanden, dass ich sie nicht in Zusammenhang mit Sascha Anderson erwähne, von dem sie nichts hält. Inzwischen war er von Jürgen Fuchs als Stasi-Spitzel enttarnt worden – »Sascha Arschloch« (Biermann). Während eines Treffens mit Maron am Kurfürstendamm ruft sie ihren Lebensgefährten an, der ihr mitteilt, dass seine Allergie auf die Katze zurückzuführen sei. Ihre Reaktion: »Dann muss er aus der Wohnung, von der Katze trenne ich mich nicht.«

Zu den bedeutenden Figuren der DDR-Kultur gehört der Filmregisseur Frank Beyer, den ich 1985 in der StäV kennenlerne. Ein besonnener, kluger Mann, der gern im Westen einen Film machen würde, vor allem über das Buch »Matulla und Busch« von Klaus Schlesinger. Er habe das Drehbuch über Artur Brauner der bundesdeutschen Filmförderung und dem Fernsehen, jeweils erfolglos, angeboten. Er vermutet politische Gründe. Ich bezweifle das. Das in dem Drehbuch angesprochene Hausbesetzerproblem sei von gestern, der Stoff wahrscheinlich nicht mehr aktuell. Ich verspreche ihm, mich nach den Ursachen der Ablehnung zu erkundigen. Treffe ihn danach mehrfach, auch nach der Wende.

Im Dezember 1985 lerne ich den Leipziger Maler Albrecht Gehse kennen, der mit seiner schönen Frau langsam durch die Räume der StäV gleitet. Als er hört, dass ich CDU-Mitglied bin, scheut er etwas zurück. Wie auch andere, ob Dieter Schubert oder zunächst Monika Maron. Die CDU hat drüben wenig Kredit. Helmut Kohl wird als Negativfigur bewertet. Ich besuche Gehse in Leipzig ein Jahr später in seiner Wohnung in der Lassallestraße 10. Seine magisch realistischen Porträts, auch Bilder von Fischen, sind von außergewöhnlicher Qualität. Wir freunden uns an. Er nennt Volker Braun als für ihn wichtigsten Schriftsteller, Sascha Anderson & Co.

seien ihm zu radikal. Er erhält tatsächlich am 26. März 1986 für einen Tag die Einreise nach West-Berlin, reist schon um Mitternacht ein, um keine Minute zu verlieren, streunt über den Kurfürstendamm, nimmt einige Erotikclubs mit. Ich zeige ihm nachmittags Kreuzberg. Bei seiner Rückreise muss er an die DDR-Organe 250 DM Zoll zahlen für den von ihm in West-Berlin gekauften Transistor. Die Magazine tip und zitty werden ihm an der Grenze abgenommen. Lebt inzwischen seit Jahren in Berlin. Auch Helmut Kohl ist ihm nicht mehr fremd. Er hat ihn porträtiert. Das Bild hängt im Kanzleramt.

In der StäV treffe ich mehrfach Lutz Rathenow, der sich Jürgen Fuchs freundschaftlich verbunden fühlt. Er sei satirischer veranlagt als dieser. Drückt mir irgendwann auf bräunlichem, brüchigem Papier von ihm geschriebene Theaterstücke in die Hand mit der Bitte, auf sie im Westen aufmerksam zu machen. Ich komme dem dadurch nach, dass ich seine Bücher im SFB ebenso wie seine Stücke bespreche. Der politische Druck in der DDR auf ihn und Anderson sei erträglich. Durch ihre Veröffentlichungen im Westen stünden sie unter einem gewissen Schutz und hätten die Möglichkeit, Nischen auszunutzen. Schwieriger sei es für die Jüngeren, auf denen laste ein größerer Druck. Er stellt mir Rüdiger Rosenthal vor, dessen Bücher mir gefallen, wie »Die Logik grinst«. Weder Rosenthal noch Rainer Flügge noch Thomas Günther dürfen nach West-Berlin reisen. Rathenow meint, man wolle ihn zur Ausreise bewegen. Rainer Kirsch, schmal und zart, in Anzug und Weste, stellt sich zu uns.

Auch Gert Neumann lerne ich in der StäV kennen. Seine Romane »Elf Uhr« und »Die Schuld der Worte« gelten als wichtige Bücher. Neumann lebt in Leipzig und erzählt, er wohne bei katholischen Priestern. Macht einen unruhigen, flackernden, fast agentenhaften Eindruck. Er drückt mir einen bräunlichen Zettel in die Hand und erklärt, er habe zwei rosa Briefumschläge deponiert, die ich mit nach West-Berlin nehmen solle. Auf meine Reaktion, ich würde bei der Ausreise kontrolliert werden, erklärt er, dass sie in der StäV bleiben sollten. Auf seinem Zettel steht:

Frank Zapper, Jonasstraße 6 in 7050 Leipzig, geboren 27.5.1960, Antrag auf Ausreise in die BRD beim Stadtbezirk Mitte Leipzig, Abteilung Innere Angelegenheiten. Wehrdienstverweigerung im November 1985, Untersuchungshaft A.-Kästner-Straße 7010 Leipzig vom 5. November bis 29. November 1985. Kontakt mit Jürgen Seifert in Berlin 65, Sparrstraße 8, möglich.«

Ich kann weder mit dem Inhalt noch mit Neumann viel anfangen. Ebenso wenig wie mit Rolf Schneider, den ich dort treffe und 2022 an der Ostsee in Ahrenshoop. Er gratulierte mir damals zu einem vom Spiegel bestellten Artikel zugunsten der Deutschen Einheit. Ob seine Gratulation damals ernst oder ironisch gemeint war, habe ich vergessen.

Der Maler Wolfram Scheffler, der ebenfalls die StäV bei Empfängen besucht, tritt auf in Admiralsjacke. Er ist ein Freund von Anderson, hat einen Ausreiseantrag nach West-Berlin gestellt, zurückhaltend, sympathisch, lädt mich ein, ihn zu besuchen. Rathenow rechnet damit, dass sie ihn im nächsten Jahr rauslassen. Auflagen habe er abgelehnt, insbesondere die, nicht nach West-Berlin zu ziehen. Habe allerdings freiwillig den DDR-Behörden angeboten, sich nicht interviewen zu lassen im Westen. Verfügt bereits über eine Einladung, ein halbes Jahr die USA zu besuchen. Kommt tatsächlich 1986 raus und bezieht eine Wohnung in Neukölln. Ich besuche ihn dort inmitten seiner Bilder. Herrliche Skizzenbücher, er hat den Wechsel von Ost- nach West-Berlin problemlos überstanden. Hatte genug von dem anstrengenden Leben drüben. Im Übrigen seien die Ost-Berliner Behörden großzügiger, auch bei der Ausreise, als die in der Provinz, wie er mir erzählt.

Vorgestellt wird mir auch Eberhard Esche, Star des DDR-

Theaters in den 60er- und 70er-Jahren. Esches Frau, eine Holländerin, dürfe nach Holland reisen, deshalb auch er. Er hoffe, dass es ihm gelingt, auch West-Berlin zu besuchen. Ich biete Theaterkarten für ein Stück in der Schaubühne an und gebe ihm meine politische Visitenkarte. Als er erfährt, ich sei in der CDU für Kultur zuständig: keine Reaktion. »Ihre Gesichtszüge werden ja straff«, provoziere ich ihn. Er: »Keinesfalls.« Er halte von einzelnen CDU-Grundsätzen mehr als von denen der offensichtlich in Auflösung begriffenen SPD. Ich bemerke, dass die CDU immer bedächtiger im Umgang mit Prinzipien gewesen sei als die SPD. Eine Langsamkeit, die sich bei der Ablehnung törichter Neuheiten auszahle. Er stimmt zu. Er kritisiert das aktuelle Bühnengeschehen. Die Verflachung des Theaters beruhe auf der Revolte der Antiautoritären.

Irgendwann wird mir Lothar de Maizière vorgestellt, im kleinen Kreis. Bei der Vorstellung bleibt es, wir finden keinen Draht zueinander.

Es ist zu hoffen, dass Ost-Berlin, der ehemaligen Hauptstadt der DDR, dem historischen Zentrum der ganzen Stadt, eine längst fällige Ausarbeitung, ein Buch, gewidmet wird.

OST-BERLIN NACH DER WENDE

Streitigkeiten nach dem Mauerfall – Beispiele

Kein Wunder, dass nach dem Mauerfall der Bedarf in beiden Stadt-hälften, sich auszutauschen, nachzufragen, zu überzeugen, zu rechtfertigen, eine gemeinsame Linie zu suchen, gesteigert war. Zwar war die Vereinigung friedlich verlaufen, beantwortete aber weder Fragen nach der Zukunft, auch nicht nach dem Warum und dem Wie des Umgangs mit der überwundenen Vergangenheit. Der Einzelne hatte eigene Erlebnisse, Erfahrungen, Überzeugungen gewonnen, was mitunter bei aller Freude über die gefallene Mauer auch zu Streit führte. Einige Beispiele von damals, nach dem Mauerfall, Rechthabereien und Rechtfertigungen:

Bilderstreit

In den ersten zehn Jahren seiner wiedergewonnenen Einheit häuf-ten sich in Berlin die Streitfälle, die heute noch glimmen, wenn sie auch entschieden scheinen. Nur oberflächlich ging es um Ost-/ West-Dissonanzen. Im Hintergrund lauerte die verdrängte Auf-arbeitung von 40 Jahren Diktaturgeschichte in Deutschland. Der sogenannte Bilderstreit hatte 1988 begonnen, und zwar zwischen zwei berühmten Malerkollegen. Beide stammten ursprünglich aus dem Osten, beide hatten diesen verlassen, Georg Baselitz bereits 1957, ungefragt, Volker Stelzmann 1986, aus privaten Gründen, ebenfalls ohne Einverständnis der DDR. 1988 berief die Hoch-schule der Künste in West-Berlin Stelzmann zum C4-Professor im Fachbereich Freie Malerei. Als Reaktion auf diese Berufung trat Baselitz aus der Hochschule aus, und zwar durch fristlose Kün-digung. Die Gründe dafür schienen schwach und können heute vernachlässigt werden. Hier stritt also kein Dissident gegen einen Staatskünstler, sondern ein berühmter Maler gegen den anderen. Mit Stelzmann wuchs die Zahl hochrangiger Intellektueller und Künstler aus der DDR, die, wie Hilmar Thate, Angelika Domröse, Katharina Thalbach, Jurek Becker, Bettina Wegner, Klaus Schlesinger, Monika Maron, Hans Joachim Schädlich und Günter Kunert die DDR verlassen und Berlin (West) als Wohnsitz genommen hatten.

Vier Jahre nach dem Mauerfall entschied die Neue Nationalgalerie Berlin in einer Ausstellung Willi Sitte, Bernhard Heisig, Werner Tübke und andere Staatskünstler zu präsentieren. Parallel hatte sich eine Kunstkommission des Bundestags unter Leitung von Rita Süssmuth dafür ausgesprochen, Heisig im Reichstag auszustellen.

Dies führte zu heftigen Protesten vieler Künstlerinnen und Künstler, vor allem solcher, die in der DDR unterdrückt oder vertrieben worden waren, ohne Solidarität von jenen vier Staatskünstlern erfahren zu haben. Die in der DDR lebenden Maler wie Michael Morgner, der frühe Strawalde, Eberhard Göschel, Hermann Glöckner, Cornelia Schleime und andere zitierten empört die Auswahlkriterien des Generaldirektors Honisch:

> Ich habe überhaupt nicht gewertet – anders ging es zunächst einmal nicht. Ich sehe ab von dem absoluten Qualitätsprinzip, ich gehe zu auf den Aktualitätsgesichtspunkt und auf die Notwendigkeit zu zeigen, wie unterschiedlich die Künste in beiden Teilen Deutschlands ausgesehen haben.

Diese herablassende Maßstabslosigkeit wurde nicht nur von Christoph Tannert kritisiert. Galeristen gerieten in diesen Streit, die Galerie Brusberg, die bis zur Wende große Verdienste um den »Import« von Kunst aus der DDR erworben hatte, ging jetzt für jene Staatskünstler in Stellung, während die Galerie Barthel fragte: »Woher rührt die Ignoranz gegenüber den anderen Positionen, die sich jahrzehntelang und trotz der DDR zu höchst eigenwilliger Qualität ausgeformt haben?«

Ich lud die streitenden Parteien 1998 zu einer Diskussion in den »Preußischen Landtag« ein. Von den Künstlern, die nach West-Berlin übergesiedelt waren, erschienen vor allem Hans-Hendrik Grimmling, Cornelia Schleime und Christine Schlegel. Sie befürchteten, ähnlich wie in der DDR, auch in der Demokratie wieder von den Staatskünstlern ausgeblendet zu werden, ohne Rücksicht auf den Qualitätsbegriff.

Mit meiner deutlichen Ablehnung, Repräsentanten der DDR-Diktatur im Reichstag zu präsentieren, geriet ich bei Eduard Beaucamp, der in der FAZ die bildende Kunst betreute, an den Falschen. In einem Feuilleton schrieb er, ich hätte mich während der DDR-Zeit durch die Ateliers der Künstler geschlichen und nach der Wende meinen Standpunkt geändert. Mir ging es damals darum, die kulturelle Aussperrung West-Berlins seitens der DDR zu lockern, Schritt für Schritt von oben nach unten – anders ging es nicht. Anzuknüpfen war an die persönlichen Interessen von Sitte und Heisig, die bereits ein Spielbein im westlichen Kunstmarkt hatten. Durch Kontakte mit ihnen hoffte ich, die Ausgrenzung West-Berlins durch die DDR relativieren zu können.

Heute alles Schnee von gestern. Heisig hängt sowohl im Reichstag als auch im »Preußischen Landtag« und in der Nationalgalerie. Im Frühjahr 2005 führte er in Leipzig Bundeskanzler Schröder durch eine Ausstellung seiner Bilder. In einem Telefonat vor ein paar Jahren gelang es, mich mit Beaucamp auszusöhnen.

Heisig

Bernhard Heisig hatte ich vor der Wende mehrfach getroffen. Im Herbst 1987 besuchte ich ihn in seinem Atelier in Leipzig. Die DDR-Regierung hatte ihm, wie er erzählte, einen zweckmäßigen Flachbau hingesetzt, für den er 300 Mark monatlich Miete zahlte.

Er gab sich offen, sachlich, selbstbewusst, selbstkritisch (»Ich monologisiere gern«) und als Sozialist zu erkennen. Er erzählte von dem Porträt, das er von Helmut Schmidt angefertigt hatte. Da sei »ein kleiner dicker Mann«(!) auf ihn zugekommen, sehr pragmatisch und ökonomisch interessiert. Er habe schnell die Distanz zu ihm verloren und hätte ihn mehrfach zur Ordnung rufen müssen, weil Schmidt nicht habe stillsitzen können. Er habe eine Vorskizze von Schmidts Gesicht angefertigt, um es auswendig zu lernen. Schmidt: »Das verstehe ich nicht.« Heisig: »Darauf kommt es nicht an.« Schmidt, so Heisig, gehöre zu den großen Politikern der Nachkriegsgeschichte. Wir sprechen auch über Kohl und Weizsäcker, Heisig wundert sich, weshalb ich als CDU-Mann Adenauer nicht erwähne, der habe Ost-Deutschland abgeschrieben. Eben deshalb, antwortete ich.

Der Bilderstreit von damals ging weiter. Es gab Diskussionen und Podien, meist ohne die Künstlerinnen und Künstler, die sich nicht an die DDR angepasst hatten. Nach welchen ästhetischen Kriterien Bilder zu beurteilen sind, wo immer sie entstanden, ist fraglich. Dabei gelten moralische Kategorien nicht. »Der Moralist kann kein Künstler sein«, sagt Imre Kertész, »weil er die Welt nicht schafft, sondern über sie richtet (...) Die Kunst kennt nur einen Maßstab, die Qualität.«

Die Kunst hat, wie Eberhard Roters in einem Brief an Günter Grass schrieb, ihre eigene autonome Gesetzlichkeit. Insoweit bestimme der Markt, bestimmten Galeristen, Museumsdirektoren, Sammler, Dezernenten über den Rang der Künstler und damit stillschweigend auch über die Entschärfung und Camouflierung ihrer Biografien.

Wolf Biermann: Berlin oder Hamburg[34]

Von Freunden in Berlin höre ich, dass dort gestern im Berliner Kurier (ehemals BZ am Abend) verbreitet wurde, dass

Wolf Biermann unrechtmäßig eine Wohnung im Prenzlauer Berg beziehen wird. Es wurde zudem behauptet, ich würde diese Wohnung einer bedürftigen Familie wegnehmen. Nachdem wir uns seit zwei Jahren vergeblich um eine Wohnung in Berlin bemüht hatten, wurde uns von der Wohnungsbaugesellschaft Prenzlauer Berg (ehemals KWV) angeboten, eine leerstehende und freie 4-Zimmer-Wohnung zu mieten.

Ich hatte diese Wohnung im Prenzlauer Berg umso mehr akzeptiert, als meine eigene Wohnung in der Chausseestraße 131, in der ich immerhin 20 Jahre gelebt hatte, mir 1976 unrechtmäßig weggenommen worden war und von da ab bis zur Wiedervereinigung von der Staatssicherheit besetzt blieb. Ich war davon ausgegangen, dass es Menschen in Berlin gibt, die ein Interesse daran haben, dass vielleicht einige der Ausgebürgerten wieder in die Stadt zurückkehren. Ja, ich hatte vor, wieder mehr mit meiner Frau und meinen Kindern in Berlin zu leben, weil ich mir einbildete, es könnte für meine Schreiberei doch befruchtend und für manche Menschen dort erfreulich sein, wenn ich auch wieder in genau der Stadtlandschaft arbeite, in der ich in den wichtigsten Jahren meines Lebens war. Angesichts dieser niederträchtigen Kampagne ziehe ich es vor, ganz in Hamburg zu bleiben.

In einer öffentlichen Erklärung kommentierte ich damals, niemand könne dem 1976 von der DDR-Regierung Ausgestoßenen den Rechtsanspruch verargen, seine oder eine vergleichbare Wohnung im Bezirk zurückzuerhalten. Berlin tue gut daran, sich eines

---

34 Tagesspiegel vom 02. November 1991

Mannes zu versichern, der der Stadt zu einer Zeit Profil und Ausstrahlung gab, als sie isoliert und weitgehend ignoriert schien.

Dialog mit Frank Castorf

Ich erhielt eine Einladung zu einer öffentlichen Diskussion mit Gysi und teilte dem Einladenden, dem Regisseur Frank Castorf, 1992 dazu mit:

> Ich bitte Sie um Verständnis, dass ich mich an dieser Diskussion, auch als Zuhörer, nicht beteiligen möchte. Herr Gysi steht für eine Partei, die 40 Jahre lang systematisch die Kultur in ihrem Einflussbereich unterdrückt hat. Diese Partei hat ihre Identität gewahrt und nur die Buchstaben vertauscht. Glücklicherweise besteht heute keine Pflicht mehr, solche Veranstaltungen zu besuchen. Erlauben Sie mir folgende Anregung: Es leben in dieser Stadt viele Menschen, auch aus dem kulturellen Bereich, die Opfer jener Partei geworden sind. Bürgerrechtler, Künstler etc. Sollten Sie sich zu Diskussionen entschließen, die diesen Opfern oder Dissidenten ein Podium bieten, können Sie auf mich als Zuhörer rechnen.

Darauf erwiderte Castorf:

> Über die von Ihnen erwähnte Gruppe haben wir selbstverständlich auch nachgedacht und nicht zuletzt deshalb Peter Wawerzinek zur Diskussion am 7. Oktober eingeladen und Bert Papenfuß-Gorek gebeten, mit seiner Gruppe »Novemberklub« den zweiten Teil unsres Eröffnungsabends zu bestreiten. Andererseits sind wir überzeugt, dass eine Ausgrenzung – von wem auch immer – vom Dialog zur weiteren Zuspitzung der Konflikte und Verhärtung der Standpunkte führt, die wir während der derzeitigen Situation in Deutschland unbedingt vermeiden müssen.

Bersarin – Ehrenbürger Berlins?

Ich hatte Igor F. Maximytschew, dem ehemaligen Gesandten der sowjetischen Botschaft, den ich kurz in Moskau gesprochen hatte, Folgendes geschrieben:

Der Schriftsteller Jochen Staadt hat (...) den Mythos von Bersarin, dem ersten sowjetischen Stadtkommandanten Berlins, relativiert, wenn nicht zerstört. Er hat damit, ohne das zu erwähnen, die Skepsis der Union bestätigt, die eine Wiedereinsetzung Bersarins als Ehrenbürger Berlins mindestens derzeit abgelehnt hat. Diese Skepsis beruhte darauf, dass es die taktisch motivierte Politik Stalins war, die besiegten Deutschen mit freundlichen Gesten einzufangen, um sie so leichter zu Satelliten seines Imperiums zu machen. (...) Auch die Gruppe Ulbricht (...) zeigte zunächst nicht das hässliche Gesicht des realen Sozialismus, den sie nach einer kurzen Einführungsphase praktizierte. So ist es nicht überraschend, bei Jochen Staadt zu lesen, dass es Ulbricht war, der Bersarin programmiert hatte. (...).

Darauf schrieb Maximytschew:

Verehrter Herr Lehmann-Brauns,

Ihr Brief an mich (...) soll eine Antwort auf unser vertrauliches Gespräch am 06.10.2000 in Moskau sein. (...) Der Beschluss zur Wiederherstellung der Ehrenbürgerschaft Bersarins stand in einem wohltuenden Gegensatz zu vielen Vorgängen der letzten Jahre in Deutschland, die in Russland als unverhüllte Revanche für den von den Deutschen verlorenen Krieg gegen die Russen aufgefasst werden mussten. Unter diese Vorgänge fiel auch die Aberkennung der Ehrenbürgerschaft aller sowjetischen Militärs, die diese Ehre in der DDR-

Hauptstadt erhielten. (...) Die Behandlung des »Problems« Bersarin kann hier eine Schlüsselrolle spielen. Sein Name wird jetzt zum Symbol, zum Prüfstein für die Aufrichtigkeit der deutschen Beteuerungen, man wolle gut Freund mit den Russen sein. Ich möchte niemanden das Glücksgefühl bei der Erwähnung des Namens St. Petersburg statt Leningrad verderben. Diese Rückbenennung für den russischen Verzicht auf die Geschichte des Landes zwischen 1917 und 1991 mit all seinen Höhen und Tiefen zu halten, wäre grundfalsch. Mein ganzes Leben habe ich dem Ziel gewidmet, dass Deutsch für Russen genauso wie Russisch für die Deutschen zur Sprache des Freundes wird. (...)

Igor F. Maximytschew
ehem. Gesandter der
sowjetischen Botschaft

P.S.: Bersarin wurde Ehrenbürger Berlins.

Fragen an den Schriftsteller Peter Schneider

Sehr geehrter Herr Schneider,
erlauben Sie zu Ihrem Spiegel-Artikel einige Anmerkungen, eher Fragen, aus der Sicht eines Nichtlinken. Vorausschicken möchte ich, dass ich den Sturz der reaktionär gewordenen Ordinarien-Universitäten 1967 von ganzem Herzen begrüßt habe und auch im Übrigen einverstanden war, die selbstzufriedene, biedermeierliche Nachkriegsidylle durch Fragen nach dem Wozu und Wie zu erschüttern, sich der Demokratie neu zu versichern und den individuellen Radius zu vergrößern. Ich »verkehrte« damals auch mit Leuten, die den Republikanischen Club gründeten, und war durchaus im Banne des neuen Stils, den man heute mit 1968 verbindet.

Mich denen anzuschließen vermochte ich aber aus eben den Gründen nicht, die Sie für die Umkehr (o.ä.) vieler Linker heute anführen, Mich interessieren die Gründe, weshalb diese Umkehr so spät erfolgte. Der 17. Juni 1953, die Ereignisse in Ungarn und Polen 1956, die Errichtung der Berliner Mauer 1961 lagen doch vor 1968! Noch 1963 lag die ganze Stadt Kennedy zu Füßen, vier Jahre später zogen Zehntausende durch die Straßen und skandierten »Amis raus aus West-Berlin«. Seit 1965 versuchte die DDR, Wolf Biermann mundtot zu machen und kontinuierlich blieben Ausreisewillige im Kugelhagel der Grenzer an der Mauer liegen, Das alles mitzubekommen war doch kein Privileg weniger. Mich interessiert einfach, weshalb die hellsten, zivilcouragiertesten Köpfe von damals wegsahen und ihre Energien inklusive Gewaltanwendung gegen die Demokratie (mit ihren typischen Mängeln) einsetzten, anstatt z.B. gegen den brutal vorgelebten Sozialismus. Der Hinweis auf die Entwicklung 1989 erklärt die Umkehr taktisch, man will nicht bei den Verlierern sein – aber nicht moralisch. Letzteres beschäftigt mich, vielleicht wissen Sie auch darauf eine Antwort.
Lehmann-Brauns, 22.08.1994

Eine Antwort erhielt ich nicht.

Der Autorenkreis der Bundesrepublik

1992 hatte sich der »Autorenkreis für die Bundesrepublik« gegründet, unter anderem zur inhaltlichen Fokussierung auf DDR-Unrecht in Schriftstellerkreisen. Mitglieder waren zunächst bekannte Schriftsteller und Schriftstellerinnen wie Herta Müller, Hans-Christoph Buch und Hans Joachim Schädlich. Vorsitzende war zunächst Ines Geipel, Stellvertreter der Autor. Der Autorenkreis verlieh den Hans Sahl Preis 2002 an Imre Kertész, der im selben Jahr auch mit dem Nobelpreis für Literatur ausgezeichnet

Ohne Not zerstörte der Berliner Senat nach der Wende zwei bestens erhaltene berühmte Theater am Kurfürstendamm, die Abrissreste verunzieren ihn seit Jahren.

wurde. 2003 wurde Václav Havel als Träger des Hans Sahl Preises ausgewählt. Die prominenten Schriftsteller verließen den Autorenkreis bald, in dem Streit ausgebrochen war: Bernd Wagner hielt eine zu große Nähe zur CDU beziehungsweise der Adenauer-Stiftung für gegeben, Chaim Noll glaubte deutsch-nationale Tendenzen wahrgenommen zu haben. Der Autorenkreis besteht noch heute, hat jedoch viele seiner Mitglieder verloren.

Briefwechsel mit der »Distel«

Die »Distel« war vor und nach dem Mauerfall das bekannteste Kabarett in Ost-Berlin. Seine Leiterin Gisela Oechelhaeuser hatte ich auf einem Empfang in der Ständigen Vertretung kennengelernt. Auf meinen Brief an Sie antwortete Peter Ensikat, da Frau Oechelhaeuser wegen einer Unterschrift bei der Stasi zurückgetreten war.

Sehr geehrte Frau Oechelhaeuser,

ich sah im ORB Fernsehen Ausschnitte Ihres Programms, dabei: u. a. die Lachnummer über Bärbel Bohley. Als alter Freund des Kabaretts bestätige ich Ihnen – ungefragt – gern das Recht, Bärbel Bohley zu veralbern. Sie muss das ertragen, falls sie davon überhaupt Notiz nimmt. Sie hat ja ganz andere Zumutungen in der DDR-Zeit hinter sich (Haft, Denunziation, Abschiebung), wie Sie wissen. Mich interessiert der aktuelle Anspruch Ihres Programms. Sehen Sie sich – auch das wäre Ihr demokratisch verbürgtes Recht – als eine Art Klientel-Kabarett, sozusagen als satirischer Zweig der »Volkssolidarität« oder beanspruchen Sie einen größeren Radius? Konkreter gefragt: Dürfen sich die einstigen DDR-Apparatschiks, die Mitmacher und Profiteure, die dem DDR-Volk Wasser predigten und sich den West-Wein im KaDeWe besorgten, dürfen die sich vor den Stacheln der Distel sicher fühlen? Oder nehmen Sie Krenz und Hager; die ehemals höchsten Kreise (mit hartem K!) (...), die sich in dem gegen sie laufenden Prozess gleichzeitig als Souverän der DDR und als Werkzeug der Sowjetunion definieren.(...)

Mit freundlichen Grüßen
Uwe Lehmann Brauns
28.02.1996

Hierauf antwortete Peter Ensikat am 06.03.1996

... Zunächst freut es mich natürlich, dass Sie Kenntnis nehmen von unserer Arbeit. Dass Sie als Freund des Kabaretts das, was wir Frau Bohley zumuten, in eine Reihe stellen mit dem, was ihr in der DDR angetan wurde, dürfte allerdings eine mehr als satirische Übertreibung sein. Fragen zu unserem Anspruch an unsere öffentliche Arbeit können Sie jederzeit in unseren Programmen finden. Nur so viel – wir setzen uns sehr kritisch mit dem auseinander, was unsere Vergangenheit ist. Allerdings bemühen wir uns, dabei nicht nur auf andere zu zeigen, sondern auch auf uns. Dass ich persönlich den Prozess Krenz und Hager als eine für alle Seiten peinliche Angelegenheit betrachte, werden Sie vielleicht nicht verstehen. Aber dass ich heute noch auf solche politischen Leichen einschlage, verträgt sich nicht mit meinem Selbstverständnis. (...) Leute, die mit ihrem Widerstand nach dem Untergang der DDR begannen, gibt es ohnehin genug, darunter auch solche, die diese DDR nicht einmal besuchsweise kannten. (...) Könnte es sein, dass Sie einfach zu wenig von unserer Arbeit wissen? Das ließe sich aber leicht ändern.
Hochachtungsvoll
Peter Ensikat
06.03.1996

Akademie der Künste

Davon gab es nach dem Mauerfall zwei, eine im Westen, eine im Osten. Sie sollten vereinigt werden, dies klappte nicht sofort. Die westliche Akademie machte darauf aufmerksam, dass in der östlichen Stasi-Mitglieder gewirkt hätten. Auch qualitative Bedenken gab es. Aus Protest gegen die Vereinigung trat die gesamte Abteilung Bildende Kunst der West-Berliner Akademie geschlossen aus.

Die Zuspitzung beschäftigte auch die Berliner Politik. Der damalige Präsident der West-Akademie Walter Jens appellierte in den Diskussionen im Berliner Kulturausschuss u. a. an die widerstrebenden Schriftsteller. Günter Kunert forderte er auf, dieser solle über seinen Schatten springen. Bekannt geblieben ist Kunerts Antwort: Bei einem derartigen Salto mortale würde ihm der Charakter aus der Tasche fallen. Die damalige senatsgeführte Mehrheit im Berliner Abgeordnetenhaus setzte sich schließlich durch. Der Streit ist beigelegt.

... ZUR HAUPTSTADT

Was ist, ganz kurz gesagt, anders geworden nach der 40-jährigen Fesselung der Stadt? Wolf Biermann wurde Ehrenbürger, ihm werden folgen, wie man hört, bald Friede Springer und Lea Rosh. Und endlich wäre nachzuholen die Ehrenbürgerschaft für Ernst Reuter.[35] Die Mauer ist fast weg, dito die Trümmer, das Schloss - Humboldt Forum - zurück, die Staatsbibliothek restauriert, Hans Kollhoff mit seinem Bau am Potsdamer Platz präsent, der Alex zurück als Gesamtberliner Hotspot, Kanzler und Präsidenten haben ihre Sitze erhalten, Prenzlauer Berg in der Hand von »Schwaben«, die Sonnenallee arabisch.

Das weiß man ja alles, auch als Neubürger. Gottfried Benns melancholische Bemerkungen am Anfang, Berlin stirbt ab, sind auf erfreuliche Weise nicht wahr geworden. Er wäre mit der aktuellen Entwicklung vermutlich einverstanden gewesen. Mängel bleiben, manches Kritische ist erwähnt. Berlinisch denken ist ohne sofortige Infragestellung des Gedankens nicht vorstellbar. So kann es so bleiben, falls der Weltgeist nichts dagegen hat.

Stolz auf Berlin?

Das sympathische Buch mit diesem Titel (VBB-Verlag) wurde vor dem Überfall Russlands auf die Ukraine, dem Überfall der Hamas auf Israel geschrieben. Auch vor diesen Überfällen litt Berlin bei aller Widerständigkeit und Toleranz unter dem Ungeist einer jahrelangen Opposition aus dem linken Lager gegen den von Ernst

---

35 Vgl. das aberwitzige Gezerre im Abgeordnetenhaus über die verweigerte Ehrenbürgerschaft 2003 bei Brigitte Grunert, Tagesspiegel vom 20. Juli 2003

Reuter begonnenen Aufschwung für eine freiheitliche wehrhafte Stadt.

Dieses reaktionäre linke Gift zeigte sich auch im Juni 1989, als die rot-grüne Senatsregierung das Recht Deutschlands auf Wiedervereinigung abschaffte und den Anspruch auf die Hauptstadt aufgab. Auch der brüllende Pöbel am Abend des Mauerfalls vor dem Schöneberger Rathaus gehört in diese Kategorie. Sie lebt fort, wie die Demonstration Anfang März in Berlin-Kreuzberg »Freiheit für Daniela« zur Unterstützung der Roten Armee Fraktion beweist. Diese hatte 34 Menschen ermordet.

Das historische Künstlerhaus Bethanien, zunächst am Kreuzberger Mariannenplatz, wurde durch sogenannte Linksautonome besetzt und musste umziehen. Geleitet wurde es von Michael Haerdter, seit 2000 durch Christoph Tannert. Es hat sich zu einem international renommierten Repräsentationsort für moderne Kunst entwickelt, unter besonderer Hervorhebung der Produktivität im Osten Deutschlands. Die Nachricht von der altersbedingten Aufgabe Tannerts lässt befürchten, dass die qualitative Kontinuität gefährdet werden könnte.[36]

Es bleibt zu hoffen, dass sich der gewaltbereite Ungeist nicht in den neuen Gefahren fortsetzt, vor allem nicht die Universitäten zu seinem Sitz nimmt. Die Bedrohungen des freien Europa, inklusive Berlin, bringen härtere Herausforderungen der Stadt als in jener Zeit ihrer Spaltung. Aber wir wollen sie, die gespaltene Stadt, nicht zurück.

Ohne konsequente Abwehrbereitschaft und europäische Solidarität wird man jene brutalen Angriffe nicht abwehren können. In der West-Berliner Zeit, in der sich die Halbstadt ihren Mythos verdient hatte, hing auch ihre innere Sicherheit von den USA ab, auf deren Solidarität sie sich verlassen konnte.

---

36   Vgl. Robert Klages im Tagesspiegel vom 6. August 2024

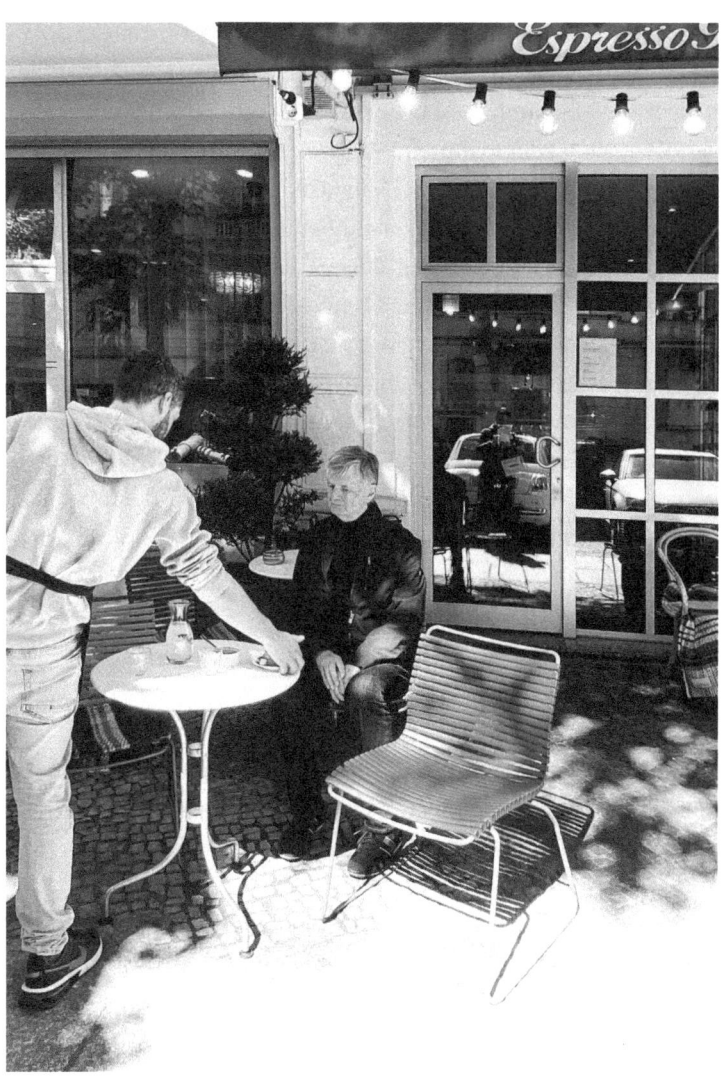

Charlottenburg, Espressobar: Glück gehabt.

Glück gehabt!

Bleibt West-Berlin als Fackel der Freiheit im Gedächtnis? – Eher nicht, zu viele blinde und bleibende Flecken. Kein Paradies ging verloren, auch kein mafiöses Netzwerk – Spurenelemente jeweils eingeräumt. Sein Geist, sein Freiheitswillen, seine mit Kultur gesättigte Stadtluft lässt sich auf das heutige Berlin nicht übertragen. Dessen Freiheit ist heute seit über 30 Jahren selbstverständlich, die Stadt hat andere Sorgen und Herausforderungen. Geblieben ist die Nüchternheit, gewachsen das Selbstbewusstsein. Es verbietet sich jede pathetische Drapierung seiner Vergangenheit. Berlin geht mit seiner Geschichte anders um als die »Heldenstadt« Leipzig. Der heutige Versuch, Berlin als »Rom der Zeitgeschichte« zu definieren, hat mit der Geschichte und Gegenwart der Stadt bei aller kollegialen Höflichkeit nichts zu tun.[37]

Berlin ist heute die Stadt, die Verantwortung trägt, den Flüchtlingen Schutz zu gewähren, die Opfer des in Europa angerichteten Angriffskriegs sind – ein Déjà-vu wie nach der russischen Revolution in den 1920er-Jahren.

Fest steht jedenfalls: Wer im Westteil der Stadt lebte, hatte mehr Stadt als anderswo in Deutschland, dafür mehr Konflikte, mehr Bedrohungen, weniger Auslauf. Wer zuzog, tat dies mit gemischten Gefühlen, wer wegmusste, setzte alles daran zu bleiben. Das Ethos der Halbstadt bestand nicht in Verabsolutierung ihrer Teilexistenz, sondern in der Utopie der Vereinigung in Freiheit mit der anderen Stadthälfte. Erhalten wir uns möglichst lange das Glücksgefühl der Vereinigung 1989 und das Bewusstsein, dass die geschenkte Freiheit nicht gratis war.

---

37 Anders Hanno Hochmuth im Tagesspiegel vom 19. März 2024

NAMENSVERZEICHNIS

ÜBER DEN AUTOR

Uwe Lehmann-Brauns, Jahrgang 1938, ist promovierter Jurist, Rechtsanwalt und Notar. Von 1979 bis 2016 war er Mitglied des Berliner Abgeordnetenhauses, wo er sich als langjähriger stellvertretender Vorsitzender der CDU-Fraktion vor allem im Bereich Deutschland- und Kulturpolitik engagierte. Er ist Mitbegründer von Bürgerbüro e.V. – Verein zur Aufarbeitung von Folgeschäden der SED-Diktatur.

BILDNACHWEIS

Adobe Stock: S. 19
Archiv des Autors: S. 11, 14, 29
Lehmann-Brauns, Anna: S. 36, 41, 104, 111
picture-alliance / Roland Holschneider: S. 53
Prof. Kollhoff Generalplanungs-GmbH: S. 22
VG Bild-Kunst, Bonn 2024: S. 29, Umschlagabbildung vorn

Die Umschlagabbildung zeigt das Bild »Berlin am Meer« von
Werner Heldt, 1948 (Repro: Kai-Annett Becker/ Berlinische Galerie).
© VG Bildkunst, Bonn 2024. Autor und Verlag danken der Berlinischen
Galerie für die freundliche Unterstützung.